美育视域下的小学育人实践

孙伟华　著

中国海洋大学出版社

·青岛·

图书在版编目(CIP)数据

美育视域下的小学育人实践 / 孙伟华著 . -- 青岛：
中国海洋大学出版社，2024. 6. -- ISBN 978-7-5670
-3905-6

Ⅰ. G622. 0

中国国家版本馆 CIP 数据核字第 2024X6H638 号

书　　名	美育视域下的小学育人实践		
	MEIYU SHIYUXIA DE XIAOXUE YUREN SHIJIAN		
出版发行	中国海洋大学出版社		
社　　址	青岛市香港东路 23 号	邮政编码	266071
出 版 人	刘文菁		
网　　址	http://pub.ouc.edu.cn		
电子邮箱	2627654282@qq.com		
订购电话	0532-82032573(传真)		
责任编辑	赵孟欣	电　　话	0532-85901092
印　　制	青岛国彩印刷股份有限公司		
版　　次	2024 年 7 月第 1 版		
印　　次	2024 年 7 月第 1 次印刷		
成品尺寸	170 mm × 240 mm		
印　　张	10		
字　　数	120 千		
定　　价	39. 00 元		

发现印装质量问题，请致电 0532-58700166，由印刷厂负责调换。

目 录
CONTENTS

第一章

美的缘起

第一节　回溯美育发展

中国近现代教育改革的先驱者蔡元培于 1912 年 2 月 11 日任民国首任教育总长后,在发表的著名论文《对于新教育之意见》中提出"美育是最重要、最基础的人生观教育",倡导以美育滋养公民道德建设。"美育"一词,最早由他从德文翻译过来。作为中国提出美育的第一人,他在《美育和人生》一文中曾写道:"人人都有感情,而并非都有伟大而高尚的行为,这由于感情推动力的薄弱。要转弱而为强,转薄而为厚,有待于陶养。陶养的工具,为美的对象,陶养的作用,叫作美育。"

如果说蔡元培是美育活动的提倡者,那么陶行知则可以说得上是美育活动的实践者。陶行知认为教育事业本身就是在进行美育,教育不单单是指生活以及学习上的教育,而是指科学、艺术、健康和劳动等组成的学习活动,他把"和谐"这一理念作为教育的最高理想。

随后,陶行知的弟子汪达之按照陶行知的教育思想创办了一所乡村小学——淮安新安小学。1934 年,汪达之撰写了《淮安新安小学第六年计划教育大纲》,提到了"生活的目标":康健的体魄,科学的头脑,艺术的兴趣,生产的技能和自由、平等、互助的精神。目标中对学生每天、每年要做的事情都进行了"数字化"规定。如每天做运动一次、看报一份、喝水五大碗等;每年和国内外小朋友通信十二封、长途旅行一次等;还要认识常见的动植物各十种,认识恒星和行星十二颗,会制科学玩具及动、植、矿物标本十种以上,能欣赏名歌名画和自然风景,会唱十二首新歌,会弹奏一种乐器,会表演六种话剧,能认识十种以上的药品,学会游泳和撑船等。其目的显然是想通过具体而生动的教育实践,把学生培养成一个身心健全的人,一个对社会有用的人。

随着时代的发展,国家也越来越重视美育,先后出台了一系列的政策文件。2013年,《中共中央关于全面深化改革若干重大问题的决定》在教育领域改革中提出"改进美育教学,提高学生审美和人文素养",对美育工作的落实国家层面有了规划部署。2015年,《关于全面加强和改进学校美育工作的意见》出台,作为关于学校美育工作的纲领性文件,具有里程碑式的意义,文件详细阐明了什么是美育、为何要改、如何改进等重要问题,对学校美育的指导思想、基本原则、总体目标、课程体系与教学等方面作出了深刻解读。2018年,中央美术学院的八位老教授致信习近平总书记,习近平总书记在回信中勉励:"要做好美育工作。"同年9月的全国教育大会中,习近平总书记提倡以美育人,不断提高学生的审美素养。习近平总书记的指导为学校美育工作的加强与改进指出了具体方向。2020年《关于全面加强和改进新时代学校美育工作的意见》出台,重申了美育的重要地位与意义,要求加强学校美育工作,构建五育综合发展的学校教育体系,为更好地开展美育工作提供了政策支持。2023年12月,教育部发布了《关于全面实施学校美育浸润行动的通知》,进一步加强学校美育工作,强化学校美育的育人功能。全面实施学校美育浸润行动,包括实施美育教学改革深化行动、教师美育素养提升行动、艺术实践活动普及行动等。以上一系列政策文件的出台,足以看出国家对学校美育工作的重视程度,同时也为学校如何更好地开展美育工作指明了前进的方向。

第二节 寻找撬动支点

　　学校要充分发挥艺术课程在美育中的主渠道作用,大力推进艺术教育教学改革,积极提供多样化、个性化的艺术课程,帮助学生掌握1～2项艺术专项特长,满足学生兴趣特长发展需要。音乐课程标准明确指出,器乐教学对于激发学生学习音乐的兴趣,提高对音乐的理解、表达和创造能力有着十分重要的作用。器乐教学在音乐教育体系中既是学生学习音乐和表现音乐的重要手段,又是开发其智力的重要途径。

　　但是在当下音乐课堂教学实践中,我们发现,传统的音乐课重声乐,多以单一的学唱、听唱为主,器乐的实践体验性相对较弱。学校进行音乐课堂教学的改革,把歌唱和演奏有机结合,打破原有单一的学唱模式,让更多的学生喜欢上音乐。

　　选择什么乐器是关键。虽然乐器众多,但因弹奏人、弹奏技法不同,适合班级授课使用的乐器并不多。口风琴体积小、便于携带,是一种键盘乐和吹奏乐相结合的综合乐器。有了它的学习基础,学生如果再学习其他吹奏类和键盘类乐器就相对容易多了。它具有固定音高的优势,能统一音高,适合大班授课。找准这一切入点,经过深入调研以及省内外相关专家的论证,我们最终选择了口风琴作为音乐课辅助教学乐器,进行音乐课堂教学的改革。

第二章

以琴为媒

"器乐进课堂"是学校在音乐教学上进行的一次研究创新与实践,从理念、实践、方法中创新教学模式,积极推进音乐课堂教学改革,并取得了显著成效。

一、方法与途径

充分考虑学情,遵循乐器学习规律以及学校现状,学校确定了"一专二融三合"的教学思路(图 2-1):"一专"指的是专设口风琴器乐课并由专业专职音乐教师授课;"二融"即融到每节音乐课中,课前吹奏音阶、课中吹奏乐曲旋律、课后布置练琴作业;"三合"是与其他艺术形式相结合,将唱、奏、演、创相结合,丰富学生的审美情感体验,开阔音乐视野,提高音乐审美素养。

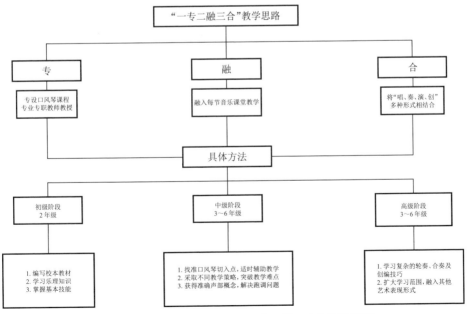

图 2-1 "器乐进课堂"采用"一专二融三合"教学思路

基于"一专二融三合"的教学思路,同步设置三阶段(即初、中、高级)普及型推广教学策略。

以 2 年级为主的初级阶段,编写校本教材,全力帮助学生学会认谱、掌握基础乐理及口琴正确吹奏姿势、呼吸方法。由专业教师在音乐教材中选取音域窄、节奏单一、旋律性强的曲目,作为学生初期阶段的学习曲,教会学生基本指法和技能。以"班班吹""周周赛"的形式进行展示和有效评价,巩固基础教学成果并且最大限度地激发了孩子们的学习兴趣。

中级阶段受众广内容多,以 3～6 年级学生为主,是口风琴辅助课堂教学的实践运用阶段。为进一步发掘口风琴辅助作用,组织教师进一步研读、梳理教材,找准口风琴课堂辅助切入点,研究不同课型的教学策略,突破教学难点,提高课堂效率。可以随琴演唱,帮助学生唱准变化音,解决音准问题;可以分声部伴奏进行合唱教学,帮助学生获得准确的声部概念,降低了学习二声部的难度,解决合唱教学中的跑调问题;还可适当加入简单创编伴奏的教学,促进学生的听力、识谱和创编等能力的提高。定期开展口风琴示范课,以课促学。使学生正确、流畅地吹奏相应曲目,强化音准,提高乐感等表现力。

高级阶段则学习复杂的轮奏、合奏及创编技巧等,融入其他艺术表现形式,如表演、电声等其他表演形式,扩大学习的范围,拓展艺术视野,深化对音乐艺术的理解,提高学生欣赏能力和音乐素养。此阶段以拓展课程为契机,充分深化学到的口风琴的技艺,从而全面提高其欣赏能力和音乐素养。同时邀请诸多省市级专家,从口风琴基本演奏技法和音乐教材相融合等方面做了专题讲座,更新教师课程观念,开阔教师视野,提升教师业务素养,体现了"教学相长"的双赢。

二、实效意义

"器乐进课堂"意义之一是拓展音乐课堂教学模式,突显美育价值。

解决了音乐课堂教学形式单一、音准不准、二声部及多声部教学困难等困惑我们多年的瓶颈问题。学生们在听力、识谱、创编、表现能力等方面有大大提高,获得了较为系统科学全面的音乐陶冶。这种教学方法较好地体现了音乐美育的教育功能,是小学音乐课堂教学立体化之拓展。

意义之二是探索体验式学习方式,激发学生兴趣。

通过口风琴辅助课堂教学,打破单一的学唱模式,变为体验式学习方式。学生的口、眼、耳、手等多种器官并用,增加表现的机会,体验成功的喜悦。课堂变得灵动起来,我们基本实现"人人会乐器"这一美好的愿景。

意义之三是结合新媒体渠道,培养学生音乐素养。

一系列实践让众多学生脱颖而出,继而逐渐扩大学习半径,音乐课堂与话剧表演、电声、尤克里里、小提琴等其他艺术表现形式相结合,拓展学生艺术视野,深化学生对音乐艺术的理解,提高学生欣赏能力和音乐素养。

意义之四是提升教师研究力,助推教师专业发展。

一系列变化和成效对教师的专业性提出了更高的要求。学校组织教师积极参与课题研究,采取专家"引进来"、教师"走出去"的方式加大培训力度;邀请教研员、儿童音乐教育家、教学法专家教授多次到校进行指导;组织老师外出参观学习,更新教师课程观念,开阔教师视野,教师研究力得到明显提升。

第三章

多元向美

第一节 体系概况

学校以音乐课堂教学改革为突破口,进一步扩大美育资源的覆盖面,积极构建"多元向美"的育人体系。学校"多元向美"教育实践的过程,是对美育理念不断深化和创新的过程,是对审美对象不断扩容的过程,也是对美育场域不断开辟的过程。学校以"大美育观"为引领,以立德树人为根本,以促进人的全面发展为目标,积极构建具有新时代风范的育人体系,探索美育视域下的小学育人实践路径,推进了学校美育教学改革与创新,努力形成符合时代与未来发展需求的育人新格局。

一、从"艺术教育"到"大美育"

美育是审美教育,也是情操教育和心灵教育,不仅能提升人的审美素养,还能潜移默化地影响人的情感、趣味、气质,丰富人的精神,温润人的心灵。美育不仅仅是艺术教育,更是着眼于教育整体的美育,即在一切的教育教学生活中,都有美育的因素,美育无时不在、无处不在。学校以"大美育观"为引领,坚持"多元向美,和合共生"的办学理念,认为教育的终极目标是成就美好人生。教育本身就是师生一起寻找美、发现美、追求美、创造美的过程。学校教育以实现人的多元而全面发展为出发点,深挖美育内涵和外延,将审美精神渗透到学校教育教学的各个环节,通过多种途径、多种方法打造时时、处处、全方位的多元向美育人生态。

二、从"美育课程"到"课程美育"

学校向美教育实践,不仅聚焦以美术音乐为主的美育课程的特色化发展,强化课程实施的综合性,创新教学方法,致力于于学生审美能力、文化底蕴、完美人格和良好心理品质的综合发展,同时立足美育渗透,充分发挥其他学科的美育功能,构建"汇·美"课程体系,挖掘和运用语文、数学、道法、科学等各学科蕴含的体现中华美育精神与民族审美特质的美育资源,梳理各学科美育融合点,引领学生感受课程中的语言美、行为美、品德美、情感美、思维美、探究美等。重视相关学科美育内容有机整合,各学科组在原有编制的美育融合点的基础上,完成资源补充,提供教学资源内容保障,将美育贯穿学校教育的全过程。开展美育课程的学科精品教学设计研讨和跨学科融合教案设计与研究,推动美育与德育、智育、体育、劳动教育全课程融合育人。

三、从"全课程育人"到"全方位育人"

如果说全课程育人在学生心底播撒了美的种子,那么,多方联动的实践活动则为这颗种子茁壮成长创设了良好的环境,给予了全方位的呵护。我校充分纳入多方教育主体,创造家校社三位一体的良好育人环境,丰富美育活动形式,创新美育活动载体,拓宽美育活动空间,坚持课内与课外、校内与校外、普及与提高相结合的原则,开展面向人人的美育活动实践。例如,"古诗文素养测评""硬笔书法比赛""朗读大赛""数学节"等学科活动,劳模宣讲、读书展示、心理培训等德育活动,"金画笔""美聚汇才,艺起绽放""班班吹奏、班班合唱"等文化艺术活动,走进航空航天思政课、"我与非遗大师面对面"等实践研学活动,实现了美育实践的内建与外延。学校、家庭、社会三方联动开辟美育新时空,为每一个孩子们提供发现美、感受美、表达美、创造美的平台,丰富了学生的课余生活,夯实学生的人文底蕴,促进学生审美能力和人文素养提升。

第二节　价值意义分析

一、顺应新时代教育发展要求，为学校内涵发展锚定根基

孔子有云："兴于诗，立于礼，成于乐。"审美教育对于人格培养发挥着不可替代的作用。新时代，随着《关于全面加强和改进新时代学校美育工作的意见》《教育部关于全面实施学校美育浸润行动的通知》等一系列文件和政策相继出台，学校美育在培养时代新人上的价值越来越凸显。综观当下教育，过度注重学生的"考试成绩"而忽略了学生"生命质量"的现象时有发生，学生学习负担沉重，学生人文素养有待提高，审美能力有待提升，学生的全面发展没有得到很好实现。学生往往感受不到学习美，体会不到生命美。对此，我校从学校和人的全面发展出发，顺应新时代教育发展要求，围绕学校固有的特色进行定位，明确学校发展目标，梳理学校办学理念，完善学校顶层设计，通过一系列实践探索，以美育人、以美启智、以美引善，力求创设能触及学生思想、温润学生心灵、激发学生成长的育人环境，让学生的世界观、人生观、价值观都发生变化，为学校内涵发展锚定根基，实现学校从"规范化"向"品牌化"发展推进。

二、满足人的全面发展需求，为学生综合素养提升搭建平台

马克思、恩格斯关于人的自由全面发展的理论是我国教育体系发展的重要理论支撑，在发展完整的人的过程中需要以一种全面的方式来体现全面的本质。教育是关于人灵魂的教育，并非理性知识

与认识的堆积,美是激起个体灵魂律动的事物,教育应关注学生作为"整体的人"的发展。从功能来看,美育不仅是全面发展教育体系的重要组成部分,在人的全面发展中还起着"枢纽"作用。因此,我校坚持"多元向美",以学生核心素养为基础,以学生生命成长为核心,构建全方位的美育课程,全环境渗透美育精神,有利于实现五育融通,在全过程育人中,促进学生德智体美劳全面发展,助力学生核心素养有效培育。

三、回应教师专业发展追求,为教师向美成长注入活力

教师作为教育实践的主体,其自身的审美素养、审美情趣和审美能力是影响美育实践的关键所在。学校在美育实践研究的过程中,以教师专业发展为指向,以课题研究为抓手,以教研培训为路径,引导教师除了具备专业的基础知识和技能以往,还要树立美育教育理念,掌握审美教育方法,教师审美素养发展的过程成为教师专业发展的过程。通过多年的实践探索,汇才教师拥有丰富的内心情感,能够在具体的教学活动中与学生广泛进行交流,以情感的感染力影响学生的学习过程;汇才教师拥有敏锐的审美意识,在具备扎实学科专业知识的基础上,立足学科特色进行教学设计和实施,并充分挖掘学科教学内容中能够触动学生情感的形象化事物,润物细无声地对学生进行美育;汇才教师拥有更加娴熟的现代教育技术,创设生动的情境,提供丰富多彩的教学内容,设计更加合理的教学结构,在完成专业知识教学任务的同时启迪了学生的智慧,点燃了学生热情,增长了学生知识,发展了学生情感。"美"已经渗透进汇才每一位教师的内心,一言一行,一举一动都成为审美教育的资源,无不彰显出教师的端庄与儒雅、气质与修养,让教育真正成为一场师生共同奔赴美好的历程。

第三节　多元课程　以美育人

　　课程之美是学校美育工作的重要组成部分,做好美育工作首先要正确认识美育的内涵。美育的核心是美感教育,包括了艺术美的认知、体验、感受、欣赏与创造能力教育,同时也涵盖了"美的理念、情操、品格与素养"。前者的本质是艺术美,即以艺术教育为核心;而后者则是将美学最终落实到多学科学习和生活中去。在学校课程中,从色彩到音符,从符号到图形,从汉字到数字无不含有美的元素,美处处存在。因此,学校实施美育应有广阔的课程视野,创建多元"汇·美"课程体系,既需以艺术课程为核心,又要有超越艺术课程的其他学科课程。

　　第一,在艺术课程中以美赋能。

　　从教育部对中小学校美育教育布置的基本任务来看,培养学生感受美的能力、培养学生理解欣赏美的知识与爱好、培养学生创造美的才能和兴趣是核心目标,因此在美育功能实现中必须牢固培养美的感受、欣赏和创造的基本技能,为美育的功能性延伸提供必要条件。

　　在基本技能教育中,艺术课程是学校实施美育的重要渠道,该渠道下的美育集中在审美与感知能力的培养上。而审美能力同时建立在先天审美感受和后天审美理论矫正的基础上,先天审美使得个体对艺术和自然物体的审美感知不同,后天审美理论则提供了审美能力矫正和发展的基本条件,而无论先天审美还是后天矫正的审美,首先要保证规范艺术课程,即音乐、美术两类基础艺术课程。它们虽然不是美学的全部,但其核心素养应聚焦审美。学校开设音乐、美术课,不仅仅是为了培养歌唱家、画家,还要以美引善、以美导真,潜移默化地培养学生的审美情趣和鉴赏能力。一个学生可以一辈子不会唱歌、跳舞、绘画、雕塑,但他应有欣赏美的能力,有对美学的敏感度,即感知、感动、感触,有对美的追求。

由此,我们引导艺术教师从美育的本义出发,研究、运用中小学音乐和美术学科的陶冶教化功能,坚持以艺术审美为核心,尤其重视体验、欣赏类课程与知识技能类课程的平衡,充分保障学生体验和感受直观艺术作品之美的条件,通过乐曲的旋律美、歌词的语言美、表演的情感美、演唱的节奏美、作品的构图美、颜色的冲击美、画面的线条美、塑像的形态美,陶冶学生的情操,丰富学生的联想,激发爱美的情趣,开启认知的智慧,真正使学生得到美的享受、美的滋养和美的熏染。

第二,在学科课程中以美育人。

要实现以美育人、以美化人、以美培元的育人目标,促进学生全面发展,仅靠艺术教育还不够,更须着力构建学校美育共同体。美育的使命不仅仅由单纯的艺术教育、专门的艺术教师来承担,其他学科教师也应自觉承担美育的任务。中共中央办公厅、国务院办公厅印发的《关于全面加强和改进新时代学校美育工作的意见》特别强调,将美育贯穿在学校人才培养全过程,渗透在各学科之中。要加强美育与德育、智育、体育、劳动教育相融合,充分挖掘和运用各学科蕴含的体现中华美育精神与民族审美特质的心灵美、语言美、行为美、探究美、思维美、健康美、艺术美等丰富美育资源,有机整合相关学科的美育内容,推进课程教学深度融合。

在美学表现方面,语文课有着得天独厚的条件,语文教师通过名著经典引读、诗歌吟诵鉴赏、优美习作创作等,带领学生领略语言之美、体验形象之美、感受情感之美,用美的语言为学科赋能。数学学科之美则体现在其思维逻辑的内涵之美上,教师通过逻辑、图形和符号发现教材里的审美元素,引导学生感受数学学科中独特的"简洁美""直观美"和"思维美"。在道德与法治中引导学生关注个体成长的内在品质,达到以德促美的效果;在体育锻炼、赛事表演中找寻健康的美,达到以体健美的效果;在实验操作、科学探究中敢于突破创新,达到以创促美的效果;在劳动中感受收获累累硕果的美好体验,达到以劳逸美的效果。在课程的融会贯通中实现各美其美、美美与共的目标。

总之,所有教师都要有一双细致观察美的眼睛,以及持续提升自身美学鉴赏水平的意识,不断从学科课程、教育教学中发现美的要素,引导学生深刻认识美的内涵,感受学科的魅力,用丰富的学科课程培养学生的审美情趣,让课程成为学生走向美好人生的起点。

一、学科美育特质

美术学科

美术学科作为艺术教育的重要组成部分,承载着独特的美育价值。在《义务教育艺术课程标准》的指导下,挖掘美术学科的美育价值,贯穿于课程的各个环节,积极实践美育融合行动,以美育人,以美化人。

首先,美术学科的美育价值在于培养学生的审美感知能力。课程标准强调对艺术美的感知和体验,使学生能够发现和感受自然美、生活美和社会美。通过学习美术,学生能够培养敏锐的审美观察力,体验艺术作品中的情感和思想,提升对美的鉴赏能力。如"美丽的花"一课,让学生通过多种感官观察花卉的特点,感受花卉在形状、色彩、纹理等方面的自然美,用线条、颜色等概括地表现出植物的形象,从而有意识地引导学生去发现大自然中的美,激发学生艺术表现的兴趣和对生活的热爱。

其次,美术学科的美育价值在于发展学生的艺术表现能力。课程标准提出学生应运用独特的艺术语言进行表达与交流。通过绘画、雕塑、设计等实践活动,学生可以锻炼自己的艺术技巧,表达自己的情感、思想和创造力。以课程"陶泥的世界"为例,在教学中,先向学生介绍陶泥的来源、特点、用途等基础知识,再通过示范和讲解,让学生学习陶泥揉、捏、搓、盘等制作技巧,并鼓励学生创作出属于自己的陶泥作品,培养动手能力、想象力和创造力。

此外,美术学科的美育价值还体现在培养学生的创意实践能力上。课程标准强调创新意识和创造能力的重要性,鼓励学生进行探索和实验,勇于打破常规,形成独特的艺术作品。创意实践可以培养学生创新思维和解决问题的能力,激发他们的创造力和想象力。在"会摇的玩具"这节课中,教师引导学生结合日常生活的观察,明白"不倒翁"摇而不倒的原理,合理巧妙地利用不同材料制作会摇的玩具,锻炼了学生的创新思维和解决问题的能力。

最后,美术学科的美育价值在于促进学生对文化的理解和传承。课程标准强调文化理解的重要性,使学生了解和尊重不同文化传统,培养对民族和国家的历史与文化传统的认识。通过学习美术,学生能够更好地理解文化在构建人类命运共同体中的作用,学会尊重、理解和包容不同文化。"中国画与油画欣赏"这节课,通过欣赏中外具有代表性的绘画作品,了解中西绘画的基本概念、历史背景、技法特点以及代表性艺术家和作品等,提高学生的审美情趣和文化修养。

综上所述,美术学科的美育价值在于培养学生审美感知、艺术表现、创意实践和文化理解的核心素养。通过美术教育,学生不仅能够获得美的享受和情感体验,还能够在思想道德、智力、体育、美育和劳动教育等方面全面发展,成为具有全面素质的社会主义建设者和接班人。

音乐学科

在音乐学习过程中,要注重学生的艺术感知及情感体验,激发学生参与艺术活动的兴趣和热情。《义务教育艺术课程标准》指出,在欣赏、表现、创造的过程中,形成丰富、健康的审美情趣,在以艺术体验为核心的多样化实践中,提高艺术素养和创造能力。音乐课堂教学作为提升美育的重要途径之一,运用音乐独特的审美特性以及蕴含的文化内涵,使学生在音乐艺术美的环境中感知美、表现美、创造美,在音乐文化的熏陶下陶冶情操,提高学生整体的审美能力。

1. 感知美

审美感知是对自然世界、社会生活和艺术作品中美的特征及其意义与作用的发现、感知、认识和反应能力,具体指向审美对象富有意味的表现特征,以及艺术活动与作品中的艺术语言、艺术形象、风格意蕴、情感表达等。审美感知的培育,有助于学生发现美、感知美,丰富审美体验,提升审美情趣。在音乐欣赏课"缆车"中,通过对各音乐主题的分析与欣赏,让学生分辨乐器音色、音高的不同,体验音乐情绪的变化;模唱、律动等音乐实践活动,带给学生丰富的情感体验,让学生通过多感官来欣赏美,感知音乐的欢快与悲伤,感知音乐的激动与紧张,感知音乐的延长与休止,提升学生感知美的能力。

2. 表现美

艺术表现是在艺术活动中创造艺术形象、表达思想感情、展现艺术美感的实践能力,包括艺术活动中联想和想象的发挥,表现手段与方法的选择,媒介、技术和艺术语言的运用,以及情感的沟通和思想的交流。艺术表现的培育,有助于学生掌握艺术表现的技能,加强艺术与生活的广泛联系,涵养热爱生命和生活的态度。在"彝家娃娃真幸福"教学中,围绕彝族风土人情,创设火把节情境,通过旋律演唱、舞蹈体验、乐器演奏多种表现形式,激发学生对中国民族音乐的热爱。

3.创造美

音乐是一门极富创造性的艺术。小学课堂中的音乐创编是创造美的重要途径之一,其创造性是多元的,既可以对歌词进行创编,也可以对固定节奏型伴奏进行创编;既可以对身体律动和声势进行创编,也可以对表演进行创编。在口风琴创编课"拍手拍手"中,根据学生已有的乐理知识和演奏基础,设计对位复调、对比复调及模仿复调的学习,让学生对歌曲旋律进行二声部创编,将理论知识与实践完美融合,更有效地提高学生审美能力,培养学生的创造能力。

感知美、表现美和创作美三个元素在音乐课堂教学中相互关联、相互支撑。通过学习经典音乐及音乐文化,潜移默化地建立良好的审美趣味,激发学生审美能力,初步感知美;结合学习与实践进行音乐表演展示,加强学习体验突出表现美;积累一定的音乐素养与欣赏能力后,进行编创挖掘创造美。在向学生传授音乐知识的同时,提高学生的审美能力,增强文化自信和民族自信。

道德与法治学科

《义务教育道德与法治课程标准》明确提出:"提升学生思想政治素质、道德修养、法治素养和人格修养,增强学生做中国人的志气、骨气、底气,为培养以实现中华民族伟大复兴为己任的有理想、有本领、有担当的时代新人打下牢固的思想根基。"[1] 在道德与法治教学中以

---

① 义务教育道德与法治课程标准(2022年版)[M].北京:北京师范大学出版社,2022.

美育人,以美养德,使学生获得精神陶冶、心灵洗礼和思想共鸣,逐步完善人格,提升自己的境界,形成正确的世界观、人生观和价值观。

1. 言之美

"言之美"是指美在语言中的体现,即通过个人的恰当语言展示出的美。语言是人们日常生活中最主要的交往工具,同人的仪表仪态一样,也是内心德行的显现。古人说:"言为心声,语为人镜。"言谈话语是一个人由内而外散发的气质,是内心本质的一种外在表现,不仅可以反映个人的能力与思想,更能彰显内心修养。在小学道德与法治教学中,言之美体现在培养学生的文明用语习惯,学会使用得体的语言进行沟通,懂得尊重他人,诚实表达,不说脏话,礼貌交流,展现良好的人文素养和社会交往能力。如"我们小点儿声"这一课,在创设公共场所情境、活动参与、交流思辨中,学生能照顾他人感受,控制调节自己的音量和语气,保持公共场合舒适环境,提升文明素养。

2. 行之美

"行之美"是指美在行为中的体现,即通过个人的行为举止展示出的美。这种美不仅反映了个人的内在道德素养,也表现了外在行为的和谐与适宜。培养良好行为习惯,使其行为符合社会道德规范和法律法规,建立正确的价值观和人生观。在小学道德与法治教学中,行为美主要指小学生日常行为规范的养成,包括遵守公共秩序、尊敬师长、举止文明、乐于助人、爱护公物等。如"大家排好队"一课,通过"情景体验,体会还是排队好""联系生活,哪些地方要排队""会排队,懂礼让"三个活动,让学生认识到排好队是有序、省时、文明、安全、公平的表现,规范自己的行为,从内心认同美好生活需要遵守规则与秩序。

3. 德之美

"德之美"指的是指美在道德中的体现,它体现在个人的行为、品行中,是个人品质层面的内在修养,反映在诚实守信、公正公平、爱国情怀、社会责任感等方面。在小学道德与法治教学中,践行社会主义核心价值观,理解和内化爱国、敬业、诚信、友善等基本道德规范,使学生形成健全的人格,拥有良好的道德品质和社会责任感。如"古代科技　耀我中华"一课,以一场别开生面的中医体验开始,让学生在"中医博览馆"中通过做颈椎按摩操、体验"切脉"的神奇、现场辨认药材、争当中华名医推荐人等环节,感受到中医药学的博大精深,建立强烈的民族自豪感,树立文化自信,根植家国情怀。

"言之美"更多表现在人际交往与信息传递时的技巧和诚意上,"行之美"是落实道德观念和承担社会责任的具体实践表现,"德之美"则是内在的品质根基,决定着言与行的方向和高度,是衡量个人品格高低的根本标准。三者相辅相成,层层递进,共同构成了一个人完整的人格形象和品德风貌。

数学学科

《义务教育数学课程标准》指出:"学生要了解数学的价值,欣赏数学美,提高学习数学的兴趣,建立学好数学的信心,养成良好的学习习惯,形成质疑问难、自我反思和勇于探索的科学精神。"[①] 数学是一门探究空间形式与数量关系的科学,它凝结着几千年来劳动人民智慧的结晶,蕴含着丰富的美学元素和美育资源。数学学科无论是课程结构,还是学科内容,都与美育存在着千丝万缕的联系,是学校学科美育的重要组成部分。

数学家陈省身先生曾不止一次地提出"数学是美的"。数学之美,美在何处?数学美是数学学科本身所蕴含的美学元素,拥有着较强的数学特点,并能给人带来美的感受。首先,从数学美的来源看,它

---

① 义务教育数学课程标准(2022年版)[M]. 北京:北京师范大学出版社,2022.

包括生活中的数学美,如蜂巢的六边形结构、剪纸窗花等;数学知识中的美,如对称的函数、简洁的数学符号等;数学思想方法中的美,如分类讨论思想、数形结合思想等。其次,从内容形式上看,数学美包括语言、符号之美与图形之美,对应着数学研究的对象;数学美包括简洁、对称、完备、统一、和谐与奇异,渗透于数学教育的始终。厘清数学学科美育的内涵,才能进一步探讨数学学科美育的价值与实现路径。

1. 数学的思维之美

我们常说数学是思维的体操,数学的美就主要体现在它的思维之美上。数学的思维之美,又表现在它的逻辑结构、数学方法和表达形式上。数学思维常见的有以下几种。

抽象化思维——把具体的事物抽象成虚拟的数学模型。数学具有高度的抽象性,将复杂的问题简化为符号和公式的形式。这种抽象性使得数学可以应用于各个领域,并且具有普遍性,不受时间、空间和语言的限制,展现出一种纯粹的美感。

发散性思维——从一个知识点可以联想到与之相关的其他知识点。美国心理学家吉尔福特说:"人的创造力主要依靠发散思维,它是创造思维的主要成分。"发散性思维表现为思维视野广阔,呈现出多维发散状,在数学学习中表现出积极的求异思维、敏锐的洞察力、活跃的灵感,最能体现数学独特的魅力。

逻辑性思维——从现有条件中发现规律,从而推导出新结论。数学知识是最纯粹的逻辑思维活动,也是最高级智能活力美学的体现。数学中的定理和证明基于严密的推理过程,发现事物背后的规律,理解自然界和社会现象的本质,验证逻辑思维的美妙之处。

2. 数学的简洁之美

简洁美是数学的重要标志。数学的文采表现在简洁,寥寥数语,便能道出不同现象的法则,甚至在自然界中发挥作用,这就是数学优雅美丽的地方。数学的知识原理、方法规律等往往是抽象而简洁的表达,如阿拉数字从 0 到 9,只有 10 个数字,学生天天见,习以为常。在平时的教学中,我们让学生感悟到它们利用数位能组成无数不同的数、结合运算符号能写出无数的算式,若配以加、减、乘、除四个符号,这无限多的数又能准确地描述出客观世界中四大基本数量关系。又如大小不一的圆,其周长与直径的比值都是同样的常数,这个常数是一个不可思议的无理数 π; 等边三角形有三条对称轴,正方形有四条对称轴,圆有无数条对称轴……还有像 $S = ab$, $S = \pi r^2$, $a + b = b + a$, $a \times (b + c) = ab + ac$ 这样的数学表达式,已突破语言隔阂,成为全人类共同的统一表述工具。而学生在学习几何初步知识时,体会到偌大的空间被简化成了点、线、面、体几个概念,由此演绎成了平面几何学,从而感受到一种简洁、和谐、统一的神秘美。大道至简,正是因为数学这种简洁之美,使它逐渐成为人们研究现实世界的工具和表达现实世界的语言。

3. 数学的直观之美

数学之美,不仅美在抽象、简约,也美在直观多姿。夸美纽斯在《大教学论》中指出:应该尽可能地把事物本身或代替它的图像放在面前,让学生去看看、摸摸、听听、闻闻,等等。在数学学习的过程中,通过利用语言、图像以及实物等直观教学方法,引导学生研究探索,在大脑中感知数学概念的表象特征,归纳概括数学定理、法则等理性知识,以此增强数学课堂的趣味性、实用性,体现数学之美。

综上所述,数学中的美千姿百态、丰富多彩,均衡有序的思维之美、高度凝练的简洁之美、度量万物的直观之美。要让学生会用数学的眼光观察现实世界,会用数学的思维思考现实世界,会用数学的语言表达现实世界,来感受数学之美。

语文学科

《义务教育语文课程标准》提出文化自信、语言运用、思维能力和审美创造四大核心素养。其中,"审美创造是指学生通过感受、理解、欣赏、评价语言文字及作品,获得较为丰富的审美经验,具有初步的感受美、发现美和运用语言文字表现美、创造美的能力;涵养高雅情趣,具备健康的审美意识和正确的审美观念"[①]。由此可见,语文教学与美育有着天然的、内在的联系。通过听、说、读、写及其他语文教学活动,可以使学生学习和掌握基本的审美知识,具有正确的审美观点和健康的审美情趣,培养学生对语言文字、文学作品的审美感受能力、审美鉴赏能力和审美创造能力。

语文教学中的美育,不同于音乐、美术等学科的艺术教育,有其特殊性。语文是传播美的学科,在美学表现方面,语文课有着得天独厚的条件。就以现行教材来说,文学作品占百分之八十,可以说古今中外名作荟萃。从内容看,题材丰富,情感真切,形象生动,好像百科全书;从形式看,新颖活泼,小巧玲珑,应有尽有,真是一幅"语言的图画";从风格看,质朴美、华丽美、直露美、含蓄美、形象美、哲理美、空灵美,丰富多彩,在我们面前展现出一个美的世界。

因此,语文不仅是一门学科,也是中华民族文化的载体。它包罗万象,内涵宽广。语文教学不仅是教师带领学生学习语文知识、掌握语言运用技巧、熟练习得口语表达技能,更是师生一起沉浸在文字之间,享受文化熏陶、发现语文之美的过程。

1. 语文之美,美在语言

我国古代教育家、思想家孔子主张语言要有文采,才会流传久远。品读文学作品,归根到底是通过这些语言文字去与作家进行思

---

① 义务教育语文课程标准(2022年版)[M]. 北京:北京师范大学出版社,2022.

想交流与情感碰撞,从而解读作品的深刻内涵与人文价值。

语言的音韵之美。语言在教学中主要是通过吟诵朗读表现出来,不同的文学作品的音韵具有不同的美感,有的音色清脆响亮,有的柔和动听;有的音调昂扬高亢,有的柔美婉转等。这种音韵之美在诗词体裁的文学作品中体现得尤为明显。部编版小学语文教科书选取了大量优秀的古诗词、散文、现代诗,它们具有文学语言的审美特质,阅读、吟诵这些内容,能充分感受文学语言的音韵之美。

语言的修辞之美。修辞手法鉴赏也是阅读审美鉴赏的重要内容,在小学语文文本中,比喻、拟人、夸张、排比等修辞手法的运用,更加生动形象地体现出作者的情感,也使语言更具魅力,对学生来说新颖有趣,可以引发他们的好奇心与想象力,让学生在不知不觉中体会文本的美感。

2. 语文之美,美在形象

"文学创作是一个创造形象的过程,文学欣赏是一个再现形象的过程。"在语文教学中,对于文章中重点形象的认识、分析和理解是教学的重要环节。阅读的独特魅力就是借助各种形象来表达作者的感情,使这些形象更加立体饱满,让读者对文本产生审美印象。小学语文文本中所涉及的形象美主要包括人物形象美和自然形象美。

小学语文教学文本中有众多典型人物,这些人物个性鲜明,性格多样,其事迹带给人情感上的震撼和心灵深处的共鸣。更重要的是,这些形象所代表的深远的社会意义,他们的人格魅力、道德品行以及崇高理想都会对学生产生影响。这些人物形象可以成为学生的榜样,让学生受到健康向上的引导,帮助学生形成正确的审美价值观念。如《朱德的扁担》《难忘的泼水节》《我不能失信》等课文,以小见大,展现老一辈革命家不搞特殊、艰苦奋斗、诚实守信等高尚品德。这种对人物美好形象的刻画在小学语文阅读文本中数不胜数,教学中教师充分利用这些人物形象,深度挖掘其美育资源,引导学生向这些符合大众审美取向的人物学习,以美促美,培养学生形成向上、向善、向美的价值观,让学生的行为美、心灵也美。

自然形象之美也是小学语文阅读文本中的重要美育资源。大自然中的事物,不论是蓝天白云、日月星辰还是山川丛林,总能带给人一种自然和谐、幽静神秘之感,引发人们无限的遐想。语文文本中有大量关于自然景物和祖国壮丽山河的散文,大自然中的事物经过作者艺术化的写作加工,以另一种形式呈现在读者眼前,并展现出独特的审美价值。如《观潮》《草原》等课文都通过细致的描写,体现出了自然形象各具特色的美。"读者从作品中获得的审美感受可能比作者本身意图要多。"因此,学生通过对文本反复品读,可以获得更多的审美感受。

3. 语文之美,美在情感

小学语文文本中,散文、诗歌、小说等文学类文本占大多数,这些文学类文本体现出作者细腻、丰富、深刻的情感。如《圆明园的毁灭》一文,学生可以在文中看到圆明园昔日的辉煌被侵略者毁灭后,仇恨侵略者的所作所为,从而激发学生的爱国情感、振兴民族的责任感。让学生在体验作者的爱和憎、褒和贬中唤起情感的共鸣,从而自觉地接受作品情感的感染熏陶,领略情感美的无限魅力。

语文之美,浩瀚丰富,广阔深邃。中华民族几千年的文化积淀就是它最强大和深沉的支柱。师生共享语文之美,是精神的传递,是文明的传承,更是一种生生不息的力量。

科学学科

科学是通过自然实验现象、理论描述、理论结构之美传递思维而获得感受,它具有美的特质,是内在的、深层的、规律的奥秘之美。在科学美的辞典里,不仅有自然之美的壮观、精巧与玄妙,更有简洁与平衡、逻辑与秩序、谐调与统一,无不体现着科学的内在审美价值。"求真、为善、臻美",在过去、现在乃至将来,都应该是科学理想的价值取向。而美育恰恰是培养学生审美观和感受美、鉴赏美、创造美的能力的教育,可见科学学科是实现学校美育的重要途径。

《义务教育科学课程标准》中提道:"科学课程要培养学生的核心素养,形成适应个人终身发展和社会发展所需要的正确价值观、必备品格和关键能力。"[1] 这是科学课程育人价值的集中体现。科学求真求美,小学科学课程设置包括地球与宇宙、物质科学、生命科学、技术与工程,几乎体现了我们生活中的一切内容,为中学的生物、物理、化学、地理等深入学习奠定基础,学生在这一过程中掌握科学探究必备的科学思维和方法,并运用科学知识和技能认识自己和周围世界,形成良好的科学观念、科学思维、探究实践、态度责任等核心素养。

1. 发现美

科学的学习从科学观念开始。学科核心素养中谈到,在理解概念、规律、原理的基础上才能形成对客观事物的总体认识。只有深刻地认识和把握科学规律,才能揭示和发现事物本质。客观世界的美,有显而易见的自然美,有加工提炼的艺术美,有深刻精奥的理论美,也有置身其中而又易忽视的社会美。这些美不是每个人都能感受的,只有内心的认知与外界的"美"融洽时,我们才可感受,进而发现美。科学研究是对美的发现,科学追求也是对美的追求。只有对科学的真正深入才能发现科学的美,才能在内心感受到美的存在与价值,获得美的享受。我们每个人内心都潜存着对美的感受,即主体对美的潜认识,而当客观世界中的美与主体中的美融洽时便会产生共鸣,使潜在的认识显现出来表现为对美的发现。

① 　义务教育科学课程标准(2022 年版)[M]. 北京:北京师范大学出版社,2022.

2. 探究美

"科学是一门体现科学本质的综合性基础课程,具有实践性。"科学课的学习既要让学生获得知识,又要让学生学会方法。而探究是实现这一目标的主要学习方式,探究科学奥秘,发现科学现象,总结科学原理,探寻前人未知。探究美是科学课程最突出的美。科学的探究主要有以下几种形式。

(1)实验探究

好奇心是科学探究的出发点。实验室里的瓶瓶罐罐、溶液、制剂等器材对学生有天生的吸引力,在科学实验中,学生可以通过动手操作,观察实验现象,提出假设并进行推理,最终验证自己的猜想是否正确。这样的探究不仅能够加深学生对科学知识的理解,还能够培养动手能力和实验设计能力,涵养求真务实的科学精神。例如,在学习"水火箭"一课时,学生在理解了水火箭的发射原理后,利用饮料瓶、卡纸、水等材料,动手制作一个水火箭,在试飞后,发现存在的问题,反复调整纠正,最终实现试飞成功。在这个过程中,学生对空气动力学、飞行力行等方面的理解不断深入。

(2)自然探究

学生的学习不仅在教室和实验室内进行,还可以充分发挥学校资源,将课堂延伸到教室外,让学生带上小铲子、昆虫盒、放大镜、尺子等工具,到校园绿化区去观察动植物,到大自然中找一找、看一看、摸一摸、量一量。研究大自然就要到自然中去,在大自然中探究美。如果能这样带动和培养学生,我们也能培养出"文学家法布尔""生物学家法布尔"。

③生活探究

生活是最好的老师。小学的科学课内容广泛,涉及生活的各个方面,如天文地理、生活常识等。学生课上认识了植物,可以养一株植物,观察它的生长过程;明白了汽车的运动原理,可以动手做一辆小车,观察它的运动等。将课堂延伸到课外,在生活中学习科学,让学生真正感受到知识与生活、与世界紧密相关,明白知识来源于生活,服务于生活,让学生终生发展收益。

3. 创新美

创新推动生产力发展,厚植科学素养,夯实学生创新之基。科学学科培养的是"具有创新思维能力"的人,在科学学习中打破传统的思维方式,激发探索知识的乐趣,感受探究成功带来的喜悦,促进学生创造性思维能力的发展。

"科学+美育"是一场理性与感性的碰撞。重点是通过捕捉科学学科中的美育渗透点,将科学学科核心素养和日常教学相融合,让美育熏陶扎根落地,助力大写的"人"的全面飞跃。

二、学科美育融合点

数学学科美育融合点

年级	课题	所属领域	美育融合点	实施路径
一年级	《数一数》	数与代数	简洁美	将从"美丽的校园"中抽取出来人或物放在集合圈中，并出现 1～10 各数，渗透自然数的基数意义，使学生初步感受数学化的过程，体验数字的概括简洁之美	指导学生按顺序计数，学生每数完一类物体，教师利用课件呈现集合图，并写出相应的数。同时将同一数量的物体集中呈现，明确数量为 1 的物品都可以用数字"1"表示
	《比一比》	数与代数	思维美	通过比较小兔和砖，小熊和木头，初步感受比较物体多少的基本方法——对应的方法，初步体会多少的逻辑关系	以童话为背景，通过组织比一比、说一说的活动，使学生直观理解，充分感知"同样多""多""少"的含义
	《位置》	图形与几何	直观美	通过直观演示和动手操作，感知生活中两个物体之间的位置关系，培养初步的空间观念	通过现实生活中"整理房间"和按照"指令"贴小动物图片的操作活动，使学生感受位置在生活中的作用
			创造美	利用数学知识解决生活情境中的实际问题，发挥创造力和空间想象力，让房间变得整齐而美好	

续表

年级	课题	所属领域	美育融合点		实施路径
一年级	《分与合》	数与代数	简洁美	将葵花放在两个筐里的所有情况用数学符号——分合符号表示，感受数学符号语言的简洁美	教学时，先让学生摆学具，再通过全班交流，用符号一对一地表示，理解分合意义，在这个过程中，感受符号语言的简洁
	《加法》	数与代数	思维美	把合并气球的情境抽象成点子图，并进一步抽象出加法算式。在这个过程中，感受数学的抽象美	动态演示气球合并的过程，使学生明确合并，用加法计算。然后让学生摆一摆，说一说，列出加法算式，让学生逐渐从具体情境过渡到抽象算式
	《减法》	数与代数	思维美	把气球飞走的情境抽象成点子图，并进一步抽象出减法算式。在这个过程中，学生进一步体会数学的抽象美	动态演示气球飞走的过程，使学生明确：从一个数里去掉一部分，求还剩多少用减法计算。从现实情境逐步过渡到算式中，进而加深对减法含义的理解与认识
	《认识立体图形》	图形与几何	思维美	分类活动，渗透分类的思想；"说说身边那些物品与上面这些形状相同"活动，尝试用数学知识描述周	

续表

年级	课题	所属领域	美育融合点	实施路径
一年级	《认识立体图形》	图形与几何	思维美 围环境，体现数学的应用价值，同时，培养学生思维的灵活性 直观美 把生活中的物体抽象出4种立体图形的模型，使学生对各种立体图形获得丰富的表象，充分感受几何体的特征，增强空间想象能力	通过摸一摸、分一分、说一说的活动，借助已有的生活经验引导学生在分类的过程中，感受、体会几何体的特征，感受数学与生活的联系
	《图形的拼组》	图形与几何	创造美 在"多个立体图形的拼组"和"看谁搭得又稳又高"活动中，学生体验图形拼搭的乐趣，感受数学的创造之美	让学生通过自主拼组活动，经历立体图形创造、应用的过程，感受图形拼组的方法和规律，增强空间想象力
	《一图四式》	数与代数	思维美 通过摆一摆，填一填，体会加减法之间的关系，培养学生的思维能力	通过摆一摆、分一算、算一算、体会加减法之间的关系，正确用一图四式表示
	《解决问题》	数与代数	思维美 通过"图里有什么""怎样解答""解答正确吗"引导学生体会解决问题的一般步骤，学习解决问题的基本方法	利用大括号，问号呈现出数学信息和问题，引导学生体会解决一个数学问题所要经历的数学步骤，学会解决问题的基本方法

续表

年级	课题	所属领域		美育融合点	实施路径
一年级	《图文解决问题》	数与代数	思维美	通过文字信息和看图数出的信息,培养学生理解问题,获取信息的能力	呈现数学问题的主题图,通过读一读、画一画使解决问题的指向性更明确,便于学生理解问题
	《10的认识》	数与代数	思维美	经历认数的过程,通过观察、操作、解决问题等丰富的活动,初步建立数感	通过自主探究,学生学会数数、读数、写数,会比较10以内的大小,能区分序数及基数的含义,掌握10的组成,理解10个1是1个10
	《连加》	数与代数	思维美	让学生掌握连加的计算方法,并体验算法多样化,培养学生发散思维	通过说图意,说算式,说计算过程,让学生掌握连加的计算方法,理解连加的意义,初步渗透部分与整体的相对性
	《11~20各数的认识》	数与代数	思维美	利用直尺教学数序,理解各数的大小关系,初步培养学生的数感	通过数11~20之间的物体的个数,掌握20以内数的顺序、大小及组成,初步了解十进制计数法
	《解决问题》	数与代数	思维美	通过数数、画图、推理,提升学生综合运用知识解决问题的意识与能力	画示意图是帮助学生理解解题意的重要手段,数数是一种有效的解题策略,鼓励学生灵活运用方法解决问题

续表

年级	课题	所属领域		美育融合点	实施路径
一年级	《认识钟表》	综合与实践	简洁美	在经历制表、认表、记录时间的过程中，感受数学的简洁美	在观察与对比中会认、读、写整时，在认识时间的过程中，感受数学的简洁美
	《9 加几》	数与代数	思维美	自主探究计算 9 加几的方法，理解"凑十法"在观察、交流、比较的活动中，体会算法多样化	通过摆小棒，体会"凑十"的方法，学生在动手、动口、动脑的活动中，理解和掌握"凑十法"
	《解决问题》	数与代数	创造美	感受数学与生活的密切联系，学会用数学知识解决生活中的问题	通过具体情境，找到有用的数学信息，理解数量之间的关系，学会分析问题的方法，选择最佳的方法解决生活问题
	《解决问题》	图形与几何	直观美	通过动手操作七巧板，培养学生的创新意识，感受所拼图形的直观美	通过动手操作七巧板，渗透数学文化，使学生进一步感知平面图形的特征以及它们之间的空间关系，发展学生的空间观念、操作能力，使学生逐步获得解决问题的方法
	《认识图形（二）》	图形与几何	直观美	通过直观演示和动手操作，体会到立体图形与平面图形的关系，培养学生学习的主动性，体验创作的乐趣	通过观察立体图形，以描、画、印、拓等方式，画出长方形、正方形、三角形、圆等平面图形，帮助学生体会"面在体上"，感受平面图形和简单的立体图形之间的关系

续表

年级	课题	所属领域	美育融合点	实施路径
一年级	《十几减9》	数与代数	思维美	在计算的过程中，通过利用学具摆一摆等活动，让学生感受"破十"的需要，理解"破十"法的需要和过程，理解算理，体现算法的多样化	通过摆小棒，感受"破十"的需要，理解十几减九的算理，掌握20以内退位减法的基本方法
	《解决问题》	数与代数	创造美	利用数学知识解决生活情境中的实际问题，让学生体会所学知识的价值，提高解决实际问题的能力	通过"画一画""说一说""算一算"，提炼练解决问题的方法，正确解决比多少的问题
	《分类与整理》	数与代数	思维美	在分类的过程中体验结果在单一标准下的一致性和不同标准下的多样性	经历简单的数据收集整理过程，根据分类标准掌握分类的方法，能够选用自己喜欢的方式呈现收集的数据，体验分类结果一致性和多样性
	《100以内数的认识》	数与代数	思维美	通过"百羊图"引导学生感知100有多少，让学生了解生活中常有估数，培养估数的意识	通过"数一数"，结合具体事物，引导学生感受100以内数的意义，会用100以内的数表示日常生活中的事物，并进行简单的估计和交流

41

续表

年级	课题	所属领域	美育融合点	实施路径
一年级	《百数表》	数与代数	思维美	构建数之间的逻辑关系，使学生更清楚地了解 100 以内数的排列顺序，培养数感，发展学生的思维	通过填写、观察百数表，了解 100 以内数的排列顺序，探究发现百数表中隐含的诸多规律，培养学生探究的乐趣，发展学生思维
	《比一比，说一说》	数与代数	思维美	引导学生进行估计，培养学生的观察分析，表达能力，培养学生的数感。使学生感受数学与生活的密切联系	通过具体的数的比较，会用"多一些，多得多，少得多"来表示数之间的关系，使学生知道描述两数之间的大小关系
	《认识人民币》	数与代数	思维美	在模拟购物活动中，初步体会人民币在社会生活中的作用，感受数学与生活的密切关系，同时结合"你知道吗？"等相关内容，培养学生爱护人民币的好习惯，渗透爱国主义教育	通过购物活动贴近学生的生活经验，使学生完整地认识人民币的单位体系，掌握人民币单位以及单位之间的关系

续表

年级	课题	所属领域		美育融合点	实施路径
一年级	《整十数加减整十数》	数与代数	思维美	借助直观学具的操作，使学生理解100以内加法和减法口算理，能口算100以内整数加、整十数，减整十数以及两位数加一位数和整十数的计算	通过摆小棒或拨计数器理解算理，帮助学生形成计数单位"十"的丰富表象，探索整十数相加减的方法，从而加深学生对算理的理解
	《两位数加一位数、整十数》				
	《两位数加一位数、整十数》《小括号》	数与代数	简洁美	学生可以用自己喜欢的符号，通过交流、比较，理解小括号的意义，感受数学符号的简洁性、统一性，培养学生初步的符号意识	借助教材中的情境，创造出小括号并理解它的意义和计算要求。明确含有小括号的运算顺序，会按照运算顺序计算
	《找规律》	数与代数	创造美	发现事物中简单的排列规律，培养学生探索数学问题的兴趣，并发现和欣赏数学规律美的意识	通过观察、实验、猜测、推理等活动帮助学生理解规律。会用语言表述规律，突出规律的核心，加深学生对规律的理解
二年级	《认识线段》	图形与几何	简洁美	通过画线段，培养学生实际动手操作能力，感受简洁的线条之美	感受各种线条的形态，总结线段画线段的特点，指导学生规范画线段

续表

年级	课题	所属领域	美育融合点		实施路径
二年级	《解决问题》	数与代数	创造美	利用数学知识和学生的生活经验，培养学生解决生活实际问题的能力	在解决课本问题的基础上，回忆生活经验中的相关情境，提出问题、举一反三，创造性选择最优策略解决问题
	《认识角》	图形与几何	直观美	学生通过在不同形状的纸上动手折角，直观感受到角有一个顶点、两条边，在折纸中发现角的美	在学生独立完成用纸折角的基础上，展开交流、分享，感受到角虽有不同，但特点相同，都有一个顶点、两条边
	《5的口诀》	数与代数	简洁美	学生通过读、背乘法口诀，感受口诀的简洁、实用之美	学生尝试编制"二五一十、三五十五"口诀，理解表示角的意义，并能正确写出两道乘法算式
	《观察物体》	图形与几何	直观美	通过实际观察，学生发现从不同方向观察同一物体，看到的图形可能不一样	将长方体摆放在某个桌子中间，分别从正面、上面、侧面进行观察，得出看到的图形，初步感知三视图
	《解决问题》	数与代数	思维美	通过分析题目已知信息和要求问题，学会使用乘加、乘减两种解决问题的方式	通过直观的问题情境，练习使用乘加、乘减两步解决问题的方式，此题可以让多个学生展示，从不同的角度思考会有不同的解题策略

续表

年级	课题	所属领域	美育融合点		实施路径
二年级	《解决问题》	综合与实践	创造美	利用时间相关知识，解决生活中的实际问题。让学生感受时间的宝贵，懂得珍惜时间	让学生学会有条理地观察图片信息中的钟表，知道时间的变化，并会用数学语言进行描述，感受时间在生活中的作用
	《排列组合》	数与代数	思维美	使学生了解、发现最简单事物的排列方法，初步培养学生有序、全面的观察、分析、推理能力，感受有序之美	通过摆一摆，学生在观察、操作中发现排列、组合的方法，并体验按顺序排列的简便
			简洁美	在贴近生活的情境中经历简单的数据收集和整理的过程，体会数学的简洁之美	通过谈论交流，经历简单的数据收集、整理的过程，了解统计的意义、掌握收集和整理数据的方法
	《数据收集整理》	统计与概率	直观美	认识简单的统计表，会用给定的统计表呈现和整理数据，体会数学的直观美	通过对统计表中的数据进行分析，体会数据分析对于决策的作用，能根据统计表中的数据对提出的问题进行简单的分析，进而会解决简单的问题
			创造美	学生在分类的基础上用画"正"字的方法记录数据，体会数学应用的创造美	运用投票调查的方法收集数据，经历记录数据及整理数据的过程，体会正字记录数据的优点，呈现记录数据的方法。感受统计工作的严谨和科学

年级	课题	所属领域	美育融合点		实施路径
二年级	《除法的初步认识》	数与代数	思维美	通过让学生分少量物品的活动，并用直观图将"分一分"的各种情况呈现出来，通过对比清楚地体现平均分的含义	结合"平均分"的具体情境与经验，在"分一分""说一说"的数学活动中抽象出除法算式，知道算式中各数与平均分中各数量的对应关系，初步理解除法运算的第一种含义
			简洁美	学生尝试用数学语言描述平均分的过程，学习用除法算式进行表示，体会数学的简洁美	通过教师的介绍，知道除号的名称，了解除号的来源，熟练掌握除号和除法算式的读法和写法，体会符号的简洁美
	《用乘法口诀求商》	数与代数	直观美	将平均分的结果用直观图展现出来，形象地展现了乘法与除法之间的关系	1. 创设猴妈妈分桃子情境的环节，自主探究 12÷3 的计算方法，通过展示学生的多种算法
					2. 在分桃子活动中，通过直观模型展示，理解算式中数字的具体含义，沟通了乘法和除法的关系，理解算理，理解用乘法口诀求商的道理，形成算法

续表

年级	课题	所属领域	美育融合点		实施路径
二年级	《解决问题》	数与代数	思维美	突出对数量关系的分析,加深学生对数量关系的感悟	在"分蚕宝宝"的问题情境中,通过分析数量之间的关系,经历解决问题的过程,强化解决问题的步骤,进一步掌握运用除法解决平均分的问题,能正确列式进行计算
			直观美	鼓励学生用直观图将题目中的条件和问题表示出来,体现数学的直观美	在比较两道"分蚕宝宝"的问题时,尝试用画图的方式表示已知条件,会区分"平均分"和"包含分"这两种平均分的方法,知道这两种平均分的问题都用除法解决
	《图形的运动(一)》	图形与几何	直观美	让学生折一折、画一画、剪一剪,直观地感受对称图形的美	通过观察操作感知轴对称图形的特征
			创造美	从剪纸中找到轴对称图案,学生自己创造出轴对称图案,感受生活中的数学美	1. 通过观察操作,利用轴对称图形,并找到对称轴判断是否是轴对称图形、学生自己创造出轴对称图案,根据其特征 2. 借助游乐场情境,通过用手势比画和语言描述各种乐施设置的运动,初步认识平移和旋转现象,发展学生空间观念

续表

年级	课题	所属领域		美育融合点	实施路径
二 年 级	《用乘法口诀求商》	数与代数	直观美	将平均分的结果用直观图展现出来,形象地展现乘法与除法之间的关系	1. 经历用 7,8,9 的乘法口诀求商的过程,理解用乘法口诀求商的算理,掌握用乘法口诀求商的一般方法 2. 借助矩形模型的操作,进一步感受乘法与除法之间的关系 3. 初步学会运用迁移的方法进行探究,体验成功的乐趣
	《解决问题》	数与代数	思维美	突出对数量关系的分析,加深学生对数量关系的感悟	结合具体的情境教学过程,会分析信息,初步理解单价、数量、总价之间的关系
			直观美	鼓励学生用直观图将题目中的条件和问题表示出来,达到明晰的数量关系,体现数学的直观美	借助圈一圈的操作,摆一摆的操作,解决问题的全过程通过分析信息,学生经历经验,总结归纳建立解决问题的模型,提高解决问题的能力,深化对除法意义的理解

续表

年级	课题	所属领域		美育融合点	实施路径
二年级	《混合运算》	数与代数	思维美	借助现实情境呈现新旧知识的冲突，在题目中用符号标明运算顺序，体现思维过程	1. 通过研究阅览室下午有多少人的问题，只有加、减法或者只有乘、除法，没有括号的算式，学会同级运算顺序，要按照从左向右的运算顺序进行计算 2. 通过观察老师板书，学会正确书写脱式计算，通过对含有乘除混合运算的练习，养成认真审题、准确计算、规范书写的学习习惯
			简洁美	能正确按照运算顺序进行脱式计算，体现小括号的简洁美	1. 借助情境图，通过提出问题、分析问题，小组交流活动，学生能说出含有乘、除、加、减的混合运算要"先乘除后加减"的顺序。体会先乘除后加减的简洁性 2. 在解决"摘草莓"数学问题的过程中，体会先算小括号里面的必要性、合理性、简洁性，并能正确计算

49

续表

年级	课题	所属领域	美育融合点		实施路径
二年级	《解决问题》	数与代数	思维美	用烤面包的情境图提供现实素材，在理解图意的基础上发现问题、提出问题，分析问题、解决问题	通过观察情境图，能发现和提出合理的问题，体会数学在日常生活中的应用
			直观美	借助图示法分析数量关系，降低分析难度，体现了数学的直观美	通过观察、分析、交流等活动，了解用色条图分析数量关系的方法，能找出中间问题来解决两步运算的问题；能说出算式的含义，会列综合算式解决问题，并根据需要添加小括号
	《有余数的除法》	数与代数	思维美	通过操作、观察、对比等活动，理解余数、有余数除法的含义，培养学生全面思考问题的意识	1. 通过分草莓的操作活动，理解余数和有余数除法的含义，学会用除法算式表示出来 2. 经历用小棒摆正方形的操作过程，进一步理解有余数除法的含义，并通过观察、比较、探索余数和除数的关系，理解余数比除数小的道理

续表

年级	课题	所属领域	美育融合点		实施路径
二年级	《有余数的除法》	数与代数			3. 通过猜想、质疑、推理、判断等过程，提高学生的观察能力和发现问题、分析问题、解决问题的能力 4. 结合分纸条的游戏，通过观察、操作、交流、对比，能用语言讲明除法的意义。懂得笔算除法中每一步的含义，知道余数为什么要小于除数，能正确地进行除法竖式的计算
	《解决问题》	数与代数	思维美	通过"知道了什么？""怎样解答？""解答的正确吗？"等提示，使学生经历审读题意，分析数量关系，寻找解题方法，促进学生思维的发展	1. 从学生已有的经验出发，借助大量生活实例，理解不同语境中"最多""至少"的含义 2. 创设"租船"具体情境，通过全班交流互动，正确理解"最多""至少"的含义 3. 通过"画图、符号、竖式"等表征方式，理解"进一"的道理，运用有余数除法的知识解决简单的实际问题

续表

年级	课题	所属领域	美育融合点	实施路径
二年级	《万以内数的认识》	数与代数	直观美	在认数的过程中，掌握十进位制，培养数感	1. 经历数数的过程，体验数的产生和作用，能准确数出 1000 以内数的个数，特别是能准确数拐弯处 2. 通过直观的学具操作，学习 1000 以内的数的组成，掌握千以内数的顺序，知道 10 个百是 1000 3. 通过举例子等活动，在现实情境中感受大数的意义，会用千以内的数表示日常生活中的事物，能进行简单的交流 4. 通过估一估的活动，能粗略估计物体数量的多少
			借助直观模型，认识万以数数，培养学生数感	通过利用小正方体，计数器数数的过程认识计数单位"万"，通过观察星星图中的数量，知道万以内数的读法和写法以及数的组成

续表

年级	课题	所属领域	美育融合点		实施路径
二年级	《整百整千加减法》	数与代数	思维美	学生可能用不同的方法算出结果，根据数的组成来计算、类推，想小棒或计数器，明确利用数的组成去思势，突出利用数的组成去思考	1. 通过设置商场促销情境，学生自主探究，能掌握整百、整千数的进（退）位计算方法 2. 组织活动编题口算活动，自主探究整百、整千数的进（退）位的计算方法
	《克和千克》	图形与几何	直观美	通过"掂一掂""估一估""称一称"等活动，掌握知识培养数感	1. 主题图呈现超市情境，在掂一掂物品重量的过程中，知道重量的单位有克和千克，体验1克有多重，在找一找生活中物品中，巩固、比较1克和1千克的重量观念 2. 演示天平称物体的过程，认识用"千克"作单位称的几种秤有多重，分小组称一称同学们带来的物品有多重，再选用合适的秤来称一称

续表

年级	课题	所属领域	美育融合点	实施路径
三年级	《秒的认识》	综合与实践	直观美	通过秒针转动的节奏,找一秒钟可以做的事情等,让学生体验一秒究竟有多长,帮助学生建立一秒的时间观念	1.看钟表秒针,体验1秒钟有多长 2.1秒计时,看看可以做什么事情 3.分别计时5秒、10秒,记录呼吸次数,帮助学生建立秒的时间观念
			创造美	1分钟能做什么?自己自选活动,感知1分钟有多长,体会合理安排时间,珍惜时间	计时1分钟自选活动
	《经过时间》	综合与实践	简洁美	利用钟表数格子,列式计算等多种解题策略,让学生了解解决问题的多样性,体会算式的简洁美	1.创设情境,讨论经过多长时间 2.介绍学生的方法:数钟表格子、列式计算时间 3.对比两种方法,发现"结束时刻-开始时刻=经过时间"列式计算更简洁
	《两位数加两位数口算》	数与代数	思维美	通过把一道两位数加两位数的口算转化成已经学过的比较容易的口算,渗透转化思想	创设情境解决35+34,进行对比,得出结论,复杂算式可以转化成若干道连续的、已经学过的比较容易的口算题,最后引导学生在比较中选择自己喜欢的算法

续表

年级	课题	所属领域	美育融合点		实施路径
三年级	《几百几十加减法笔算》	数与代数	思维美	通过把几百几十看作几十几,转化成两位数加减两位数的口算,或者转化成两位数加减两位数竖式笔算的方法,渗透转化思想	创设情境:"380＋550＝",思考、交流,对比后发现可以转化成二年级学过的几十加几十的口算题,或者是两位数加减两位数的竖式笔算
	《估算解决问题》	数与代数	简洁美	通过解决"坐得下吗?"实际问题,体会合理的估算策略可以使计算化繁为简,体现出数学的简洁美	创设情境,提出解决问题"坐得下吗?"准确计算或估算,展示不同方法,观察对比发现,判断能不能坐得下,只要估一估就可以,不需要准确计算出结果,并且估算比准确计算更方便
	《毫米的认识》	数与代数	直观美	用丰富的测量活动和实物,提供表象支撑,帮助学生建立1毫米的长度观念,培养初步的空间观念	1. 估一估、量一量数学课本的长、宽、厚 2. 发现不能用整厘米表示,体会毫米产生的意义 3. 利用直尺认识比厘米更小的长度单位毫米 4. 寻找展示生活中的1毫米的实物,帮助学生建立1毫米的长度观念

续表

年级	课题	所属领域	美育融合点		实施路径
三年级	《千米的认识》	数与代数	直观美	利用美丽的校园操场，在"走一走""量一量"中，明确一圈就是 200 米，5 圈就是 5 个 200 米，正好是 1 千米，以此来帮助学生理解感受 1 千米，培养初步的空间观念	1. 操场量出 100 米，走一走看看有多远 2. 小组为单位记录所用时间、步数 3. 根据走 100 米的感受推算 1 千米大约有多远 4. 操场一圈是 200 米实际走 5 圈，亲身体验 1 千米的长度
	《解决问题》	数与代数	简洁美	利用列表法解决问题，突出列表法一一列举，不重复，不遗漏地有序思考，感受列表法的有序性和解决问题过程的完整性，体会数学策略之美	1. 创设情境，提出问题："怎样安排恰好运完 36 吨煤" 2. 小组合作，思考解决问题的方法 3. 在交流补充中，发现有序思考列出所有方案，才能防止产生遗漏和补充 4. 回顾反思，利用列表法，体会不重复、不遗漏的重要性
	《三位数加三位数笔算》	数与代数	思维美	通过探究算法，对比两位数加两位数的笔算法则，明确除了数位多少不同以外，方法是一样的，体会知识迁移的数学思想	1. 复习笔算 67＋45，唤起学生旧知 2. 独立思考，探究 271＋903 怎样计算 3. 通过提问从哪一位算起？怎么写？怎么办？明确计算方法和步骤

续表

年级	课题	所属领域	美育融合点	实施路径
三 年 级	《三位数加三位数笔算》	数与代数		4. 对比两位数加两位数的笔算法则，明确除了数位多少不同以外，方法是一样的
	《解决问题》	数与代数	简洁美	通过解决"大约准备多少钱"和"要付多少钱"两个实际问题，在观察中明确根据问题灵活选择估算和精算，在对比中进一步体会估算策略的简洁美
				1. 出示例题，独立解决"大约准备多少钱"和"要付多少钱"两个实际问题
				2. 交流讨论两个问题的异同点，得出相应的计算策略
				3. 回顾反思精算和估算各自适用的问题情境，灵活选择解决策略
				4. 进一步体会合理估算策略的简洁美
	《倍的认识》	数与代数	思维美	通过"圈一圈"，让学生在动手操作中比较白萝卜与胡萝卜数量之间的关系，由旧知"几个几"转化为新知"倍"的含义，渗透转化思想
				1. 提供小兔吃萝卜的童话情境
				2. "圈一圈""画一画"，清楚体现出两种萝卜的数量关系
				3. 观察对比中将旧知"几个几"转化为新知"倍"的含义

续表

年级	课题	所属领域	美育融合点		实施路径
三年级	《求一个数是另一个数的几倍》	数与代数	思维美	通过画实物图策略,用简笔画或□○△等图案替代实物,将图案与具体实物间建立一一对应的关系,体会数学一一对应、数形结合的思想	1. 出示例题画实物图分析题意
			简洁美	通过画实物图策略,用简笔画或□○△等图案替代实物,将图案与具体实物间建立一一对应的关系,体现两种数量之间的倍数关系,数学简洁美	2. 在观察中明确用画图策略是帮助手清题意、解决问题的重要手段
			创造美	涂一涂、画一画,在动手操作中创造,构建出有倍数的数学问题,培养发现问题和提出问题的能力	3. 涂一涂、画一画,动手操作、创造、构建出有倍数关系的数学问题
	《求一个数的几倍是多少》	数与代数	思维美	通过画线段图,明确用线段的长度来表示两个数量之间的倍数关系,体会数学一一对应、数形结合的思想	1. 出示例题画线段图分析题意 2. 在观察中明确用画线段图策略是帮助手清题意、解决问题的重要手段

续表

年级	课题	所属领域	美育融合点		实施路径
	《求一个数的几倍是多少》	数与代数	简洁美	通过画线段图,明确用线段的长度来表示两个数量之间的倍数关系,体会数学符号的简洁美	3. 画一画,动手操作,创造,构建出有倍数关系的数学问题
			创造美	在画一画动手操作中创造、构建出有倍数关系的数学问题,培养发现问题和提出问题的能力	
三年级	《口算乘法》	数与代数	思维美	通过将整十数乘一位数口算转化成已经掌握的表内乘法的口算,渗透转化思想	1. 创设情境解决 20×3 = 你是怎样口算的? 2. 讨论:(1) 20 + 20 + 20 = 60 20×3 = 60 (2) 2×3 = 6 20×3 = 60 3. 对比你发现了什么?将整十数乘一位数口算转化成已经掌握的表内乘法的口算 4. 在比较中选择自己喜欢的算法
	《乘法估算》	数与代数	简洁美	通过解决问题,理解估算的价值,掌握往大估、往小估的基本策略	1. 创设情境,提出解决问题"250 够吗?" 2. 29×8 准确计算或估算,展示不同方法

续表

年级	课题	所属领域	美育融合点		实施路径
三年级	《乘法估算》	数与代数	简洁美	正确使用"≈",体现数学符号的简洁美	3. 讨论:判断250够吗?只要估一估就可以,不需要准确计算出结果 4. 介绍并使用"≈",体会符号的简洁美
	《解决问题》	数与代数	思维美	通过画线段图,明确借助线段图区分析更为复杂的数量关系,体会数形结合的思想	1. 出示例题画线段图分析题意 2. 明确用画线段图策略是帮助弄清题意、解决问题的重要手段 3. 归纳方法,建立模型
			简洁美	通过画线段图分析更为复杂的数量关系,比直观图更加清晰简洁,体会数学符号的简洁美	
	《周长》	图形与几何	简洁美	通过"摸一摸""指一指""量一量"探索图形的周长,体会不规则的封闭图形,可以利用先绳子围,再测量的"化曲为直"的数学方法	1. 指一指树叶、数学书表面的一周 2. 指一指长方形、三角形、圆形的一周。明确封闭图形一周的长度叫周长 3. 量一量长方形、三角形、圆形的周长,体会"化曲为直"的数学方法
	《计算长方形、正方形周长》	图形与几何	简洁美	通过测量、计算的探索活动的基础上,进行归纳总结,概括周长计算公式,体会数学的抽象和简洁美	1. 出示两个长方形和正方形图形,猜猜谁的周长长? 2. 独立思考,测量计算它们的周长

续表

年级	课题	所属领域	美育融合点		实施路径
	《计算长方形、正方形周长》	图形与几何	思维美	解决数学概念的抽象性与学生思维形象性之间的矛盾，帮助学生对分数意义进行具体与抽象的转化	3. 交流中归纳总结周长计算公式 4. 利用周长计算公式解决问题 通过观察、比较、分析，理解二分之一、四分之一等分数意义
三年级	《认识几分之一》	数与代数	直观美	学生亲身经历了分数的形成过程，把原本复杂、抽象的知识变得简单、直观，易于理解和掌握	1. 想一想：你能用怎样的数表示"一半"？你能说出它的意义吗？ 2. 折一折：将长方形的二分之一涂上颜色。说说你怎样得到它的二分之一 3. 研究三分之一、四分之一，认识几分之一
	《同分母分数加、减法》	数与代数	直观美	借助几何直观，学生在平均分成 8 份的圆中表示出八分之一与八分之一、发现同分母分数加法的计算方法，感悟转化的数学思想	1. 创设 2 人吃饼的情景（一张饼平均分8 份） 2. 借助学具涂一涂画一画，解决问题 3. 交流汇报总结同分母分数的加减法计算方法

续表

年级	课题	所属领域	美育融合点		实施路径
三年级	《辨认东、南、西、北》	图形与几何	直观美	通过呈现"方位知识在日常生活中的应用的活动情境",学生体会数学与日常生活的密切联系,体会数学的直观美	1. 通过"太阳从东边升起"引出东南西北4个方向,利用生活区分辨别4个方向 2. 利用小游戏,加强学生对4个方向的认知
	《描述简单的行走路线》	图形与几何	简洁美	通过游览动物园提出需要解决问题并提出相应解决数学语言,锻炼学生运用8个方向词描述体位置,体现数学语言的简洁美	1. 熟悉导游图,并找到起点和终点 2. 小组讨论并确定路线 3. 小组汇报找准观测点,观察方向
			直观美	通过"动物园导游图"来学习使用数学语言表达行走的路线,体现数学的直观美	
	《整十、整百数、整千数除以一位数的除法口算》	数与代数	思维美	将整十数除以一位数转换成表内除法,体现数学的转换思想;借助整十数除以一位数迁移到整百数、整千数除以一位数的除法	2. 出示60÷3,小组讨论算法算理

续表

年级	课题	所属领域	美育融合点		实施路径
三年级	《用估算解决问题》	数与代数	简洁美	通过解决"大约骑行多少千米？"的实际问题，体会合理的估算策略可以使计算化繁为简，体现出数学的简洁美	1. 复习表内除法 2. 小组合作，借助小棒探究 60÷3 的口算方法，可借助小棒摆一摆 3. 方法优化，并引导小结
	《除数是一位数的笔算方法》	数与代数	思维美	通过先用口算回顾除法的方法，借助小棒呈现平均分的过程，对应着分步呈现竖式计算的过程，突出计数单位帮助学生理解笔算算理。利用竖式计算的方法延伸到除数是一位数的除法的计算方法	1. 沟通旧知，与新课建立联系 2. 利用已有的知识，自主探索算法 3. 共同探究除法竖式的计算方法，明确算理和算法
	《关于 0 的除法》	数与代数	思维美	通过"0 乘任何数都得 0"延伸到关于 0 的除法，通过两三位数除以一位数的笔算方法"商的中间或者末尾有 0"的计算方法，可以采取更简洁的竖式计算书写方法，体现数学的迁移性	1. 出示情境图，学生自主探索笔算方法 2. 关键之处进行启发，引导除法竖式的简便写法

续表

年级	课题	所属领域	美育融合点		实施路径
三年级	《关于 0 的除法》	数与代数	简洁美	通过两三位数除以一位数的笔算方法延伸到"商的中间或者末尾有 0"的计算方法,发现可以采取更简洁的竖式计算书写方法。体现数学的简洁美	
	《复式统计图》	统计与概率	简洁美	通过统计男女生最喜欢的运动项目,让学生自己发现两个表的共同点,借此引出复式统计表,体现数学的简洁美	1. 统计本班最喜欢的运动项目,并制作单式统计表 2. 引导学生发现两张表的异同 3. 根据复式统计表寻找信息
	《口算乘法》	数与代数	思维美	通过将一位数乘两位数口算转化成已经掌握的表内乘法的口算,渗透转化思想	1. 创设情境讨论"16×3="的口算方法 2. 对比后你发现了什么?将两位数乘一位数口算转化成整十数乘一位数和表内乘法,再求和 3. 在比较中选择自己喜欢的算法

续表

年级	课题	所属领域	美育融合点	实施路径
	《连乘问题》	数与代数	简洁美	感悟"单价、数量和总价"之间的数量关系,经历将生活中的具体问题抽象成数学模型,并将其用于解决具体问题的过程	1. 常设问题情境,指导学生分析信息问题,自主列分部算式 2. 探究将分步算式整理成综合算式 3. 总结、发现、感悟:单价×数量=总价的数量关系
三年级	《面积单位的认识》	图形与几何	直观美	用数学规定与直观认识相结合的方式认识面积单位,先用文字介绍数学上如何规定,再通过数学活动,让学生感知这些面积单位的实际大小	1. 给大小不一个图形涂色,比一比谁更快 2. 结合课本、书桌,初步认识面积 3. 摸摸字典的封面和侧面,说一说哪个面积大,引出面积单位 4. 组织小组讨论比较面积的方法,发展度量意识
			创造美	通过引导学生关注物体的面,比较面的大小,让学生对面和面的大小有直观的认识	
	《长方形、正方形的面积》	图形与几何	直观美	通过不同的方法(数格子的方法、用面积单位拼摆测量多个长方形,发现长方形长宽和面积的关系的方法、直接计算面积),学生理解长	1. 回顾面积度量的方法 2. 经历拼摆过程,明确计算面积单位个数的方法

65

续表

年级	课题	所属领域		美育融合点	实施路径
三年级	《长方形、正方形的面积》	图形与几何	直观美	长方形面积公式的由来，体现数学的概括美	3. 明确长方形的长、宽和面积单位的个数的联系 4. 抽象概括出长方形、正方形的面积公式
	《解决问题》	图形与几何	简洁美	通过画图、计算等不同方法，指导学生将数学信息和问题表达出来，体会将现实生活中的现实问题转化为数学问题的过程，体现数学的简洁美	1. 出示情境图，指导学生将数学信息和问题用问题图示的方式表示出来 2. 根据已知条件理清解题思路，用"先……再……"表达清楚 3. 尝试计算，并和同桌交流遇到的问题 4. 总结这类题目的做题方法
	《年、月、日》	综合与实践	简洁美	通过观察、填表，对比等数学活动，进一步感知年月日的含义及关系，自主归纳得出大小月，2月的天数和规律	1. 课前收集不同年份的年历，观察年历中都有什么 2. 标注出年历上一些节庆的日子，与生活紧密联系 3. 通过观察、填表，对比等数学活动，自主归纳得出大小月 4. 通过观察不同年份2月的天数，得出2月天数的规律

续表

年级	课题	所属领域	美育融合点		实施路径
三年级	《24时计时法》	综合与实践	直观美	用钟面表示各个时刻，引发认知冲突，让学生结合具体情景，在解释各个钟面所表示的时刻的过程中，体会引入24计时法的必要性	1. 观察两个不同的10时，分析、归纳出12时计时法和24时计时法两种不同的计时法 2. 探究两种计时法之间的关系
	《简单的经过时间计算》	综合与实践	简洁美	利用钟表数格子、列式计算等多种解题策略，让学生了解解决问题方法的多样性，体会算式的简洁美	1. 创设情境，讨论"经过多长时间" 2. 介绍学生的方法：数钟表的格子、列式计算时间 3. 对比两种方法，发现"结束时刻＋开始时刻＝经过时间"列算式计算更简洁
			创造美	通过计算简单的经过时间，创设一个"知道开始时刻和结束时刻，求经过时间"的情景，凸显"体验创新意识"的理念	
	《小数的认识》	数与代数	直观美	借助将1米平均分成10份的线段图，为学生用分数表示米和分米的关系提供直观支撑。帮助学生理解小数的含义，体现数学的直观美	1. 利用学生熟悉的购物经历引入 2. 介绍小数的组成、读写法 3. 借助几何直观了解小数的含义

续表

年级	课题	所属领域	美育融合点		实施路径
三年级	《小数的认识》	数与代数	创造美	借助将1米平均分成10份的线段图，为学生用分数表示米和分米的关系提供直观支撑。通过动手画一画，帮助学生理解小数的含义，体现数学的创造美	4. 借助1米线段图，建立1分米、0.1米之间的联系 5. 自主探索十分之几和零点几之间的关系
	《小数加减法》	数与代数	思维美	复习整数加减法的计算过程，利用加减法的"相同竖式对齐，从个位算起"，迁移到小数的竖式计算方法。体现数学的思维迁移美	1. 利用超市信息图，提出关于小数的加减法的问题 2. 学生自己尝试计算，并和同桌交流自己的思考过程 3. 小结小数加减法的计算方法 4. 尝试计算数位不相同的小数加减法
	《稍复杂的排列问题》	综合与实践	思维美	在二年级学过内容的基础上，增加数字0，探索4个数字能组成多少个两位数，通过从十位选择1开始，按照从小到大的顺序选择数字，体现数学的有序和全面性	1. 出示4个数，给出问题，并让学生自己发现关键信息 2. 小组讨论：共有多少种情况

续表

年级	课题	所属领域	美育融合点		实施路径
三年级	《简单的搭配》	综合与实践	简洁美	选取服装搭配的问题,借助图形和符号表达思考过程,用以培养学生有序、全面思考的能力,表现出数学语言简洁美	1. 选取解决服装搭配的问题 2. 小组讨论并思考:怎样才能简洁地表达出你的搭配方法 3. 展示不同的表达方法,让学生自己发现数学符号的简洁性
	《稍复杂的组合问题》	综合与实践	简洁美	借助已有知识、经验,从具体操作到运用符号进行思考和表达,体会数学的直观性和对理解抽象问题的辅助性	1. 复习搭配问题,引出组合问题 2. 创设情境,从中发现并引出数学问题 3. 动手摆一摆,体会有序思考 4. 展示不同的组合方法,强调不重复、不遗漏
四年级	《数的产生》	数与代数	思维美	通过学习从古至今古人总结计数方法的发展史,体会计数是从基本生活生产的需要自然而然演变而来的,体会数学与生活是紧密联系、息息相关的。引入现在阿拉伯数字都是自然数,体现思维的流畅美	1. 通过趣味的视频形式,学生了解计数方法的发展史以及数的产生,产生深刻的印象 2. 借助观看视频产生的学习积极性,向学生介绍自然数的含义及特点 3. 进行相应练习

续表

年级	课题	所属领域	美育融合点		实施路径
四年级	《数的产生》	数与代数	简洁美	"所有""无限""最大""最小"这些简洁的数学语言，有助于学生清晰认知自然数的概念及特点，让学生更清晰地认知自然数	
	《公顷》	数与代数	思维美	唤醒学生面积单位学习的经验，有意识引导学生回忆旧知，提现经验的链接价值。	1. 复习旧知，回忆学习新的面积单位都是运用正方形边长求得面积引入 2. 利用相同图形，面积单位运用不同，数值也不同，掌握公顷和平方米之间的进率
	《线段、直线、射线》	图形与几何	思维美	通过"经过一点可以画无数条直线""从一点出发可以画无数条射线"的操作，体会极限的数学思想	1. 两次观察一条线段"变化"，以及由射线演变出角的过程，描述新得图形的特点，对比说出它们和线段的不同点是什么 2. 创设学生寻找新图形的端点，体会直线射线和线段是点的集合，关注学生体会直线和射线是无限长的图形特点 3. 创设由射线形成角的过程，讨论"角

续表

年级	课题	所属领域	美育融合点	实施路径
	《线段、直线、射线》	图形与几何		的里面有几颗星星"这一问题，及时掌握学生对于角的认识程度 4. 创设寻找生活中的图形的环节，引导学生观察生活与数学的密切联系，培养学习兴趣
	《常见的数量关系》	数与代数	简洁美 感悟"单价、数量和总价""速度、时间和路程"之间的数量关系，经历将生活中的具体问题抽象成数学模型的过程，将抽象问题的数学模型用于解决具体问题的过程	1. 创设情境，理解单价、数量、总价的数量关系 2. 在"解决具体问题—建立数学模型—再用模型解决问题"这样一系列的数学活动中，建立初步的模型化的数学思想方法，关注学生是否将抽象的数学模型用于解决具体问题
四年级	《平行与垂直》	图形与几何	思维美 通过"比一比""辨一辨"等活动，使学生在判断与辨析的过程中，建立垂直的概念，理解垂直的本质，立垂直的表象，理解垂直的本质：相交的角是不是直角，与两条直线	1. 通过观察、操作等活动，使学生理解平行与垂直的概念 2. 经历动手操作和自主探究的过程，掌握平行四边形和梯形的特征

年级	课题	所属领域	美育融合点	实施路径
四年级	《平行与垂直》	图形与几何	思维美	放置的方向无关，克服思维定式，培养学生思维的深刻性	3. 通过分类、比较、归纳等多种方式，理解平行四边形、梯形、正方形、长方形之间的关系
	《点到直线的距离》	图形与几何	创造美	思考和讨论怎样测定立定跳远的成绩，怎样修路路程最近，使学生体验到数学与生活的密切关系，感受到数学的应用价值	1. 通过动手操作并观察直线外一点到这条直线的线段，发现直线外一点到这条直线间的距离最短。以生活中走斑马线为素材，结合所学知识，分析解决问题，体验数学与生活的密切联系 2. 在两条平行线间画画垂线，通过测量活动，自主发现平行线间的距离相等 3. 小组内讨论，用画垂线的方法来画长方形
	《商的变化规律》	数与代数	简洁美	应用商的变化规律，可以使一些除法计算简便，同时也为除数是整十数的除法转化成除数是一位数的除法找到了理论依据	1. 通过计算、观察探讨除数不变、商随被除数的变化而变化的规律 2. 通过计算、观察、探讨被除数不变、商随除数的变化而变化的规律 3. 通过计算、观察探讨，总结商不变的

续表

年级	课题	所属领域	美育融合点		实施路径
四年级	《商的变化规律》	数与代数			4. 运用规律进行简便运算
	《条形统计图》	统计与概率	直观美	通过与统计表、象形图的对比，学生认识到条形统计图可以清楚直观地看出各类数据的多少，并能体会到数据中蕴含着信息	1. 让学生经历数据的表示过程，用喜欢的方法来表示数据 2. 学生通过对比体会到象形图的优势，引出条形统计图 3. 掌握条形统计图的特点，体会其优势
	《沏茶》	数学广角	思维美	通过思考如何合理安排沏茶的各环节，感受到优化的数学思想	1. 呈现问题和相关信息 2. 讨论研究思路——怎样最省时 3. 运用流程图呈现解决问题的顺序，形成"最优方案"
	《烙饼》	数学广角	思维美	在探究烙饼怎样省时的基础上，探索"最优策略"和"最优方法"	1. 先独立思考怎样烙饼 2. 谈论探讨如何最省时，通过操作明确规律 3. 用图示的方法凸显直观优势
	《田忌赛马》	数学广角	思维美	引领学生从数学的角度分析生活或历史事件，运用数学方法寻找、分析"最优策略"	1. 回顾故事，找出对阵排列，列举填表，寻找"最优策略" 2. 通过有序排列，寻找、分析，找到"最优策略"

续表

年级	课题	所属领域		美育融合点	实施路径
四年级	《四则混合运算的顺序》	数与代数	思维美	对整数四则运算进行抽象概括，使学生对每种运算的认识从感性上升到理性，突出数学学习的思维美	1. 呈现没有括号的两级运算，学生说说运算顺序；再说说运算顺序；加上括号，探究中括号的作用；有两重括号的题目运算顺序如何 2. 探究中括号的作用；有两重括号的题目运算顺序如何 3. 总结：带有小括号、中括号的运算顺序如何
	《观察物体（二）》	图形与几何	直观美	通过"摆一摆"，学生动手拼搭几何组合体；通过"看一看"获得从不同方向所看到形状的表象，进而使学生根据头脑中已有的形状表象去辨别从不同方向观察到的平面图形，有着数学特有的几何直观美	1. 出示简单几何图形，问在几个方向观察，会观察到什么物体 2. "摆一摆""看一看""连一连"；观察图形，从前面、上面、左边观察图形与辨认：从上面，上面，左边观察图形，猜测原来形状如何
	《解决问题策略多样化》	数与代数	创造美	引导学生将运算律的学习与简便运算计算的实际应用及解决现实生活中的实际问题的结合，注意方法策略的多样化，发展学生思维的灵活性，提高活性化、发展学生思维的灵活性，提高	1. 分别提出乘法和除法计算的两个问题。 2. 根据题目信息并根据生活经验求解，招生汇报并说多种算法并说一说每一步的含义

74

续表

年级	课题	所属领域	美育融合点		实施路径
四年级	《解决问题策略多样化》	数与代数	创造美	学生分析问题、解决问题的能力，体会应用数学的创造美	3. 总结出解决问题的策略与多样性
	《小数的意义和性质》	数与代数	思维美	在学生对分数有一定认识的基础上，引导学生说出十分之几和百分之几的数，通过每个层次中只说明第一个数据如何用分数、小数表示，其他数据表示方法让学生自己去探索，引导学生探索、发现数学的迁移思想	1. 通过将分米数改写成用米作单位的小数，说明十分之几用一位小数表示 2. 通过将厘米数改写成用米作单位的小数，说明百分之几用两位小数表示 3. 通过将毫米数改写成用米作单位的小数，说明千分之几用三位小数表示
	《探索并发现三角形任意两边之和大于第三边》	图形与几何	直观美	由于操作中的误差，造成当两边之和等于第三边时，学生"拼出"了三角形，面对这一情况，借助推理"4＋5＝9"，9与9都平行了，拼不成，或者"两点之间线段最短"来说明，鼓励学生利用直观操作，进行积极思考，得出结论	1. 准备精细、严格的学具，尽量减少误差，便于学生操作 2. 课件展示两边之和等于第三边的拼摆情况

续表

年级	课题	所属领域		美育融合点	实施路径
	《三角形分类》	图形与几何	思维美	指导学生按照从"边"入手分一分再考虑"角",或者从"角"入手分一分再考虑"边"的思路分析图形特征,进行分类,鼓励学生用自己的方式表达分类的结果(集合图、列表等)帮助学生建立分类的思想	1. 尽可能地画出各种各样的三角形,并把这些三角形剪下来,帮助回忆、梳理对三角形已有的认识 2. 从"边"和"角"不同的角度去观察、分类,体会每种三角形的特征
四年级	《整数加法运算定律推广到小数》	数与代数	思维美	经历计算、比较、归纳、推理等活动,理解整数运算定律对于小数同样适用,并会运用运算定律进行一些小数的简便计算,增强计算的灵活性。既可以使学生头脑中的旧知识与所要学习的新知识产生联系,也有利于实现学习的正迁移	1. 沟通整数加法与小数加法的联系,可以通过几组典型例子的呈现,引导学生观察这几组算式有什么特点,唤起学生已有知识经验 2. 通过观察、计算、猜想、验证、推理等活动,学生经历由特殊到一般的举例验证的过程,通过不完全归纳法来发现整数加法的运算定律对于小数也同样适用,进而体会这一结论的普遍意义,完善对加法运算定律的认知

年级	课题	所属领域	美育融合点		实施路径
	《整数加法运算定律推广到小数》	数与代数			3. 鼓励学生在独立思考、自主探索的基础上，进一步体会算法的多样性
四年级	《轴对称》	图形与几何	直观美	通过观察、操作等活动，进一步认识轴对称图形及其对称轴，体会轴对称图形的特征和性质，并能在方格纸上补全一个轴对称图形的另一半，完成对轴对称图形认识的升级，感受轴对称图形的美	1. 观察生活中的对称现象 2. 在操作中理解轴对称图形的对称点到对称轴的距离相等 3. 经历"数学做"的过程，感受知识间的联系。梳理出补全轴对称图形的方法
	《平移》	图形与几何	直观美	会在方格纸上画出一个简单图形沿水平方向、竖直方向平移后的图形，感受平移运动的特点，发展空间观念。利用平移形成美丽的图案，让学生感受数学美	1. 借助课件，动态呈现平移过程，使学生明白移动几格的意思 2. 探索图形平移的画法，发展学生在方格纸上画平移图形的能力 3. 运用平移完成图形间的转化，解决实际问题

续表

年级	课题	所属领域	美育融合点	实施路径
四年级	《平均数》	统计与概率	简洁美	可以用它进行不同组数据的比较，从而看出组与组之间的差别，使学生感受到数据可以表示一组数据整体的情况，有简明的特点	1. 了解学生对生活中平均数的认识，同时回顾生活中常见的平均数 2. 让学生探索求平均数的计算方法 3. 借助练习，帮助学生区分平均数与实际数量
	《复式条形统计图》	统计与概率	直观美	结合实际问题，进一步根据统计图表进行简单的数据分析，做出合理的判断和决策。这样就把数据分析与解决问题结合在一起，使学生更好地理解统计在解决问题中的作用，逐步形成数据分析观念	1. 借助单式条形统计图，唤起学生以往学习的记忆 2. 讨论解决新的问题 3. 引导分析数据背后隐含的信息
	《鸡兔同笼》	数学广角	简洁美	了解"鸡兔同笼"问题，感受古代数学问题的趣味性。经历自主探究解决问题的过程，体验解决问题策略的多样化。了解解决问题的方法，在解决问题的过程中培养逻辑推理能力，增强应用意识和实践能力	1. 利用例题激发兴趣 2. 引导学生有序思考，经历猜测的过程 3. 结合本质，进行方法的优化

续表

年级	课题	所属领域	美育融合点		实施路径
五年级	《小数乘法》	数与代数	思维美	让学生经历自主探索小数乘法计算程，理解算理和解释算法的过程，体会转化的数学思想，初步培养学生学习的迁移能力和推理能力，感受数学的转化美	重视学生的已有经验，利用学生熟悉和常见的十进制计量单位（元、角、分米、厘米等），了解小数乘法和整数乘法的联系，引导学生用转化的方法，将整数乘法的法则和经验迁移到小数乘法中，为学生学习小数乘法和小数乘加、乘减混合运算打下坚实的基础，并让学生发现规律、掌握算理
	《位置》	图形与几何	思维美	用生活经验描述位置上升为用规范方法描述位置，发展学生数学思考能力，感受数学思维之美	1. 充分利用学生已有经验给学生提供足够的自主探索的空间，让学生在探索中学会用数对确定位置
			简洁美	渗透数形结合的思想和方法，感悟数对与位置的一一对应思想。让学生在自主探索中感受用数对表示位置的简洁性和合理性	2. 注重学生的自主探究学习，让学生经历探索表示物体位置的过程，在对比中体会用数对表示位置的简洁与有效
	《位置》	图形与几何	直观美	立足于直观几何，通过方格纸研究几何图形的有关特点和性质，获得	

续表

年级	课题	所属领域	美育融合点		实施路径
	《位置》	图形与几何	直观美	几何活动经验，发展几何直观，逐步培养学生数学直观美	1. 以解决问题为载体，探究算理，"循理入法，以理驭法"。（1）计算以解决问题为载体引出，感受"为什么计算"。（2）计算方法以解决问题为支撑，理解"怎样计算"
五年级	《小数除法》	数与代数	思维美	经历"一个数除以小数"转化为"一个数除以整数"的过程，体会"转化"的数学思想之美。提高计算能力，形成灵活选用合理方法解决问题的能力，同时发展解题思维	2. 以计算教学为媒介，提高解决问题能力，"以算促用，以算强用"。（1）在小数除法计算的新知教学中，经历解决问题的全过程，重视数量关系的分析（2）在计算的巩固应用中，加强解决问题的思路指导
			简洁美	理解循环小数、有限小数、无限小数和循环节的意义，能用简便记法表示循环小数，培养简洁意识，感受数学的简洁美	3. 重运算技能的形成，更重运算能力的培养，"夯实基础，夯实计算"。（1）着眼要点，针对难点，夯实计算（2）灵活选择，优化策略，发展思维
			创造美	使用"进一"法和"去尾"法解决实际问题，根据实际生活需求选择求近似数的方法	

续表

年级	课题	所属领域	美育融合点		实施路径
五年级	《可能性》	数与代数	思维美	培养学生的随机思维，学会用概率的眼光去观察大千世界，培养学生的概率素养	1. 重视学生的经验和体验，创设贴近学生实际的问题情境 2. 引导学生收集和积累不确定现象和可能性的例子 3. 组织开展简单的实践活动，培养学生的应用意识
			创造美	能用"可能""不可能""一定"描述生活中的实际现象，用数学知识联系生活实际，感受数学的创造美	
	《简易方程》	数与代数	思维美	理解并运用字母表示数、数量关系和数学规律的过程，既是提升抽象概括能力的过程，也是发展数学语言与符号意识的过程，体现数学的思维美	1. 充分借助实物直观、几何直观，发挥数形结合的优势，帮助学生理解方程变形、求解的过程 2. 关注由具体到一般的抽象概括过程 3. 有意识地渗透数学的思想方法 4. 重视概念与原理的教学 5. 重视解决实际问题能力的培养 6. 注意掌握教学目标的适切性 7. 用好教材资源，适当扩展联系实际的范围
			简洁美	体会用含字母的式子表示数量关系具有简洁性与一般性，发展符号意识，感受数学的简洁美	
			直观美	用字母表示运算律、计算公式，直观地表示逻辑关系，体会数学的直观美	

续表

年级	课题	所属领域	美育融合点		实施路径
五年级	《平行四边形的面积》	图形与几何	思维美	无论是数方格还是割补法，都可以将平行四边形转化成长方形，学生找到转化前后图形之间的等量面积关系，顺利推导出平行四边形的面积公式	1. 数方格：不满一格的按半格计算，将两个小三角形进行平移，满转化成长方形，按照几行×几列计算出面积 2. 割补法：沿着其中的一条高（顶点或中间的高）将平行四边形分割成两部分，然后进行平移或拼组，找到转化前后图形之间的等量关系
	《三角形的面积》	图形与几何	思维美	将三角形转化为已知图形的面积进行计算，继续渗透"转化"的数学思想	准备相同的直角三角形、锐角三角形和钝角三角形各两个，学生发现只有拼成长方形和平行四边形才能推导出三角形的面积，并且三角形的面积是这个图形面积的一半。强调"除以2"
	《梯形的面积》	图形与几何	思维美	有了平行四边形和三角形的基础，学生自然想到把梯形转化为学过的图形，继续深化"转化"思想	学生动手操作前，可以引导他们回忆平行四边形和三角形的面积计算公式的推导过程。动手操作，将梯形割补拼摆成两个梯形或平行四边形，从而推导出梯形面积公式

续表

年级	课题	所属领域	美育融合点		实施路径
五年级	《组合图形面积》	图形与几何	直观美	组合图形是由一些基本图形组合而成的图形。通过计算组合图形的面积，有利于综合运用平面图形面积计算的知识，进一步发展学生的空间观念	应用学生身边的实例，着重让学生观察组合图形是由哪些基本图形组成的，了解组合图形的意义。明确计算组合图形面积的基本思路。结合学生提出的方法，比较哪种方法更简便
	《数学广角（植树问题）》	综合与实践	简洁美	借助线段图，通过观察、猜测、试验、推理等活动，初步体会植树问题的模型思想，感受数学关系简的简洁美	通过画线段图，从实际问题入手，引导学生在解决问题的分析、思考过程中逐步发现不同情形中（两端都栽，只栽一端、两端都不栽），棵数和间隔数之间的关系，从而建立数学模型
			创造美	用植树问题的方法来解决实际生活中的简单问题，培养学生解决实际问题的能力，感受数学的创造美和应用美	
	《观察物体》	图形与几何	直观美	通过直观演示和动手操作，感知三维立体图形与二维平面图形之间的联系，培养初步的空间观念	通过"看一看""想一想""摆一摆""画一画"的方法，明确从不同方向观察同一物体会得到不同的图形，从不同方向观察不同物体，可能会得到相同的平面图

续表

年级	课题	所属领域	美育融合点		实施路径
	《观察物体》	图形与几何	创造美	利用数学知识解决生活情境中的实际问题，发挥创造力和空间想象力	图形，所以，根据平面图形还原立体图形时，一定要从多个角度观察。所画平面图形要和观察方向一一对应
五年级	《因数和倍数的认识》	数与代数	思维美	丰富学生有关整数的知识，加深对整数与整除法的认识，这些知识比较抽象，且概念间的联系非常紧密，有助于发展学生的数学思维	创设"准确而迅速地判断一个数是2或5的倍数，其中有什么奥妙"的问题情境。从而引起学生的探求欲望，创设观察、操作、合作交流的机会；让学生通过动脑、动手、动口，做他们想做的，在做的过程中观察、思考、质疑，在合作交流中思考、质疑
			简洁美	对于因数与倍数的依存关系，学生在理解时比较抽象。放到具体计算里，由学生举例，反复强调，帮助学生认真理解辨析，从而理解因数与倍数之间的相互依存关系，体现数学的逻辑美	
	《质数和合数》	数与代数	创造美	向学生介绍有趣的"友爱数"，以及"完美数""三角数""五角数"等，借此让学生感受因"调和数"等，借此让学生感受因	多给学生思维的空间，让学生全方位参与学习，要让学生体验到数学的探索方法

续表

年级	课题	所属领域	美育融合点		实施路径
五年级	《质数和合数》	数与代数	创造美	数、倍数这种数学工具的数学美,并激发学生的学习兴趣	
	《长方体和正方体》	图形与几何	思维美 简洁美	1. 长方体和正方体体积的计算,是形成体积的计算量单位和计算体积的计算体积的基础,通过体积的计算培养学生的计算及思维能力 2. 能利用推导出来的公式正确计算长方体的体积,并能解决简单的实际问题,体现公式的简洁美	假如我们的教室要重新粉刷,你能计算出需要粉刷的面积是多少吗？利用数学知识解决生活情境中的实际问题,发挥创造力和空间想象力
	《分数的意义》	数与代数	简洁美	借助研究"分月饼"的生活实例,通过图形观察、分析归纳等活动,体验用分数表示的简洁美	在看图写分数的练习中,通过观察、对比、归纳等活动,能发现写分数需要明确将单位"1""平均分"成"几份"和"表示这样的一份或几份"
			直观美	利用数轴,通过观察、猜测、交流的活动,直观地看到真分数集中在0~1之间的这一段上,而假分数	

续表

年级	课题	所属领域	美育融合点		实施路径
五年级	《分数的意义》	数与代数	直观美	则分布在从1开始向右的部分,能发现真分数小于1,假分数大于1或等于1,利用数轴体现数学的直观美	
	《分数的基本性质》	数与代数	思维美	经历猜想、验证,总结的不完全归纳过程,提高合情推理能力,最后概括总结出分数的基本性质,体现数学的思维美	通过解决"化成分母是12而大小不变的分数"的问题,理清解答思路,学会循序渐进的问题解决方法
	《图形的运动》	图形与几何	思维美	借助平移、旋转的学习经验,在小组中,通过"看一看""说一说",在观察操作交流中,会运用数学语言描述平移和旋转的过程,加深对图形变换的基本特征和方法的理解,培养数学思维能力	能从平移、旋转和轴对称的角度欣赏生活中的图案,并运用它们在方格纸上设计简单的图案,进一步感受图形变化带来的美感以及在生活中的应用。能按照旋转三要素方向、角度、旋转中心在方格纸上按水平或垂直方向将简单图形平移
			直观美	能从对称、平移和旋转的角度欣赏生活中的图案,体现数学的空间美	

续表

年级	课题	所属领域	美育融合点	实施路径
	《异分母分数加、减法》	数与代数	简洁美	异分母分数加、减法，需要转化成同分母分数，明确"分数单位相同的分数可以直接相加减，经历转化思想的过程	利用直观图示，看出两个图形都变成由若干个大小一样的小扇形组成的图形来表示，就可以相加了。直观、明了，学生既理解了算理，又掌握了将异分母分数转化为同分母分数的方法——通分
五年级	《喝牛奶问题》	数与代数	直观美	"喝牛奶问题"涉及问题比较抽象，常作为数学爱好者研究的智力题，主要是渗透几何直观解决问题的策略，突出了数学的简洁美、直观美	帮助学生理解题意，是解决问题的基础。解决这一问题，最关键的是要知道第二次喝了一杯奶的几分之几，采用摘录信息或画图示意图的方式帮助学生理解
	《折线统计图》	图形与几何	创造美	折线统计图让统计知识与生活紧密联系起来，扩大了学生处理信息的范围，加强与生活的联系，并感悟由于数据变化带来的启示，提高数据分析能力，过程中感悟数学与生活的联系	根据参赛队伍数量绘制成条形统计图，对比统计表和条形统计图，通过观察，对比统计图的自身特点。调查全国儿童的平均身高，进行数据分析，一方面感悟统计的现实意义，同时也为复式折线统计图的学习作好铺垫

续表

年级	课题	所属领域	美育融合点	实施路径
五年级	《数学广角（找次品）》	综合与实践	简洁美 以"找次品"这一探索性操作活动为载体，通过观察、猜测、试验等方式探索解决问题的策略，通过"假如天平平衡或不平衡"，学习用图形、符号等直观方式清晰、简明地表示数学思维，体验数学的简洁美	借助天平原理，直观说明找次品的推理过程，用尽量规范的语言"假如……，假如不平衡……"表述流程。学生理解"至少""保证"的含义，引导学生通过对比，感悟找次品的方法的本质
六年级	《分数乘整数》	数与代数	直观美 结合"分饼图"的具体情境，通过观察、讨论、比较，验证等环节探索并理解"分数乘整数"的意义及算理	1. 呈现生活情景，通过观察思考"一共吃了多少个？" 2. 以原有的知识和经验为基础，经历独立思考、画图，自主计算并验证，小组交流等环节 3. 勾通新旧知识间的联系，自主得出结论，加深对分数乘整数意义以及算理的理解
六年级	《分数乘分数》	数与代数	思维美 先直观后抽象，提高学生的数学推理能力、模型思想、运算能力等核心素养	1. 利用直观图及操作活动，理解分数乘分数的算理，掌握分数乘分数的计算方法，能正确进行分数乘分数的计算

续表

年级	课题	所属领域	美育融合点		实施路径
六年级	《分数乘分数》	数与代数	直观美	利用"长方形直观图"及操作活动，直观理解分数乘分数的算理，掌握分数乘分数的计算方法，能正确进行分数乘分数的计算	2. 经历探索分数乘分数的计算过程，通过观察、猜测、操作、交流、验证，运用数形结合、抽象概括等丰富的数学活动，运用数形结合、归纳推理的思想总结计算法则，并能用字母表示一般的法则
	《分数的简便运算》	数与代数	简洁美	通过独立思考、合作交流、展示质疑，在知识的梳理中理解整数乘法运算定律对分数乘法同样适用，并能概括成字母表达式，感受字母表达式的简洁美	1. 猜测：整数运算定律是否适用于小数？ 2. 验证：可以用举例法和说理法 3. 应用运算定律进行分数的简便运算
			思维美	运用猜测—验证—应用的数学方法，提高学生推理能力，模型思想，运算能力等核心素养	
	《位置与方向（一）》	图形与几何	直观美	通过描述地图上城市的具体位置，在自主探索、合作交流中，理解观测点、方向和距离的具体含义，能根据描述在平面图上画出物体的	1. 通过"两位同学从同一位置到不同城市，从不同位置到同一城市"，发现确定一个地点的三要素缺一不可，并能正确描述一个地点的位置

续表

年级	课题	所属领域	美育融合点		实施路径
六年级	《位置与方向（一）》	图形与几何	直观美	具体位置	2. 在自主尝试、合作探究中能给出三要素，能按照步骤画出一个点的位置 3. 通过用量角器快速摆放"方向"的练习，熟练掌握定方向的方法
	《位置与方向（二）》	图形与几何	思维美	能在描述"将两点位置分别当成观测点，目的地"的练习中，感受位置描述的相对性，培养观察分析能力	1. 描述从家到商场再到书店的具体位置，在具体操作中先明确观测点 2. 描述从书店到商场再到家的具体位置 3. 对比前两个环节描述的位置的相同点、不同点，明确方向不同的原因
	《分数除以整数》	数与代数	直观美	利用"长方形直观图"及操作活动，直观理解分数除以整数的算理，掌握分数除以整数的算法，能正确进行分数除以整数的计算	1. 迁移旧知、口答分数除以整数法则做铺垫基础练习，为学习分数除以整数的算理做铺垫 2. 通过"折一折""画一画"等活动，在小组交流合作学习的过程中，理解分数除以整数的算理，掌握求分数除以整数的计算法则，绝大部分学生能正确地进行计算

续表

年级	课题	所属领域		美育融合点	实施路径
	《分数除以整数》	数与代数	思维美	先直观后抽象，提高学生的数学推理能力，模型思想，运算能力等核心素养	3. 通过合作探究学习，全班能正确列式并计算，解决实际问题，能熟练运用分数除以整数的方法，体会分数除以整数的计算价值
	《分数乘除法解决问题》	数与代数	直观美	利用"线段图"，直观分析理解分数乘除法解决实际问题的数量关系，能找到等量关系并能正确地进行计算	1. 分析已知条件和问题 2. 画线段图帮助分析思路 3. 根据线段图找到等量关系式 4. 列式解答 5. 对比练习（单位"1"已知和单位"1"未知）
六年级	《工程问题》	数与代数	简洁美	结合"两个工程队合作修路"的情境，通过独立思考、猜想验证、观察对比，能发现"修不同长度的路，合作天数不变"的规律，在解释其中原因过程中，借助画图操作，教师引导，能将工作总量抽象成单位	1. 在"一个工程队修路"情境中，解决"修不同长度的路，几天完成"，通过画图操作，猜想验证，将工作总量抽象成单位"1"，利用工作时间象成单位"1"，利用工作时间表示工作效率，能利用工作时间 2. 在"两个工程队合作修路"情境中，

续表

年级	课题	所属领域	美育融合点	实施路径
六 年 级	《工程问题》	数与代数	简洁美	"1",能将工作效率用单位"1"的几分之几表示,能利用它们之间的关系求工作时间,体会数学的简洁美	能发现"修不同长度的路,合作天数不变"的规律,在解其中原因过程中,借助画图操作将工作总量抽象成单位"1",将工作效率用单位"1"的几分之几表示,并利用它们之间的关系求工作时间 3. 能运用分数解决生活中的工程问题,进一步体会这样做的简便
	《分数乘除法解决问题整理复习》	数与代数	创造美	给学生分数乘除法的算式,让学生创造一个数学故事,让学生体会这样的变式练习中数学的创造美	根据数量关系列出算式 理清两个量的关系,关注学生是否能分清楚有哪两个量,谁是单位"1"并且在单位"1"已知和未知的情况下如何计算
	《比的意义》	数与代数	思维美	通过同类量的比,不同类量的比体会比的深层次意义和独特魅力	1. 提问"蚂蚁和大象谁的力气大"?揭示同类量的比 2. 通过羚羊和豹子和羚羊的路程、时间

续表

年级	课题	所属领域		美育融合点	实施路径
六年级	《比的意义》	数与代数			的不同类量的比体会比深层次的意义和独特魅力
	《比的基本性质——黄金比》	数与代数	直观美	借助数形结合,通过生活中大量素材中"黄金分割"的应用,体会数学文化的魅力。充分感受数学与现实生活的紧密联系,体会数学的价值及直观的和谐美	1. 阅读课本中"黄金比"的有关知识 2. 借助线段寻找黄金分割点,理解黄金比的含义 3. 结合实际,理解黄金分割的意义,感受在实际生活中的应用 3. 通过小组合作,交流自己的探究实例,并指出错误的例子 4. 课后作业:网上搜索"黄金分割",欣赏网页中出现的"黄金分割"的美图
	《比例尺》	数与代数	思维美	创设画板平面图的具体情境,通过独立思考,小组讨论和全班交流的方式,关注学生能否发现画图规则,总结出图上距离、实际距离和比例尺的实用	1. 通过探索画板平面图的规则和方法,能发现图上距离和实际距离的关系,总结出比例尺的意义 2. 结合具体情境,会正确解释数值比例尺和线段比例尺的实际意义,并能相互

续表

年级	课题	所属领域	美育融合点	实施路径
六年级	《比例尺》	数与代数	思维美	3. 结合实例正确理解放大比例尺的意义，知道缩小比例尺和放大比例尺的区别和联系 4. 会根据具体情境求一幅图的比例尺，能解释其表示的具体意义
	《圆的认识》	图形与几何	思维美 创设"投沙包"游戏，体会圆心、半径和直径是刻画圆圆的核心要素，通过"圆规画圆"的互动交流，理解一中同长刻画了圆的基本特征 直观美 通过圆形纸片找圆心的活动，理解圆是所有平面图形中最对称的图形，体会圆的对称美	1. 创设"投沙包"游戏，在确定同学们"怎样站才公平"的研究中，找到围绕中心等距才公平，引出圆的两个要素：圆心和半径 2. 通过圆规画圆，在交流碰撞中寻求圆心不动、半径不变的方法，找准画圆的方法 3. 借助圆形纸片，在折纸中能找出圆心，能发现直径所在的线是

续表

年级	课题	所属领域	美育融合点	实施路径
六年级	《圆的认识》	图形与几何		圆的对称轴 4. 结合生活中车轮的设计，能发现圆车轮行驶中不颠簸的原因，体会一中同长，圆出自方的含义
	《圆的周长》	图形与几何	直观美 借助直边图形"周长与边长倍数关系"的关系，在"切""拓"动态演示中，感受正多边形逐步逼近圆，发现圆周长与直径倍数关系的取值范围，渗透极限思想	1. 借助"便式自行车"大小轮设计的不同，理解圆周长的含义 2. 从正方形"切"的演示过程，借助正方形与圆的关系，发现圆的周长小于4倍直径 3. 从三角形"拓"的演示过程，借助正六方形与圆的关系，发现圆的周长大于3倍直径 4. 通过圆周长"绕、滚、围"的测量方法，在总结归纳中、优化测量方法，理解"化曲为直"思想

续表

年级	课题	所属领域		美育融合点	实施路径
六年级	《圆的面积》	图形与几何	简洁美	借助"化曲为直"和"转化"的思想，能将圆转化成不同图形发现求圆面积的计算方法，能总结出圆面积的计算公式 $S=\pi r^2$	1. 借助画画出的圆，理解圆周长和圆面积的区别，明确圆面积的含义 2. 将圆形纸片折一折、画一画、拼一拼，发现将"圆"转化成"方"去研究 3. 从圆内接六边形开始，将边数逐次加倍，得到的圆内接正多边形就逐步逼近圆，借助公式推导，发现圆面积计算公式 4. 通过将圆的"剪拼"得到近似的长方形、三角形、梯形，发现也能得到圆面积计算公式 5. 理解荀子所说："千举万变，其道一也！"体会极限思想在求圆面积的必要性
	《方中圆 圆中方》	图形与几何	创造美	结合中国建筑设计，理解"内圆外方"和"外圆内方"的含义；借助图形能总结出图形面积的计算方法；渗透中国传统文化教育	1. 从中国建筑中发现"外方内圆""外圆内方"的设计，理解方中圆、圆中方的含义

续表

年级	课题	所属领域	美育融合点		实施路径
	《方中圆圆中方》	图形与几何			2. 自主探究圆中方、方中圆中阴影部分的面积，借助方圆之间直径或半径的关系解决问题 3. 将圆中方与方中圆放在一起，发现圆与内接、外切正方形的关系，进而通过"r^2"研究圆面积的计算方法
六年级	《百分数的意义》	数与代数	简洁美	用百分数描述两个量的倍比关系，体现用百分数制定"标准"，利用百分数的简洁美，体现数学符号的简洁美	1. 逐步出示相关数据，通过学生对"哪个节目最受欢迎"的不断分析，了解并发现使用百分数在进行比较时的必要性，引导学生学会读、写百分数 2. 出示具体的例子，让学生在分析、对比中发现并体会百分数生活中应用的简洁美
	《解决问题》	数与代数	创造美	百分数在生活中的应用通过解决生活中实际问题，经历阅读与理解、分析与解答，回顾与反思的全过程，学会解决有关百分数的问题	通过创设解决问题的情景，将分数有关知识迁移到百分数解决问题中，密切联系生活实际，激活学生已有的生活经验，体会百分数的现实意义。让学生经

续表

年级	课题	所属领域	美育融合点		实施路径
六年级	《解决问题》	数与代数	创造美	的基本步骤，能够尝试用假设法分析和解决问题，知道可以用不同方法解决问题，体现数学的创造美	历阅读与理解，分析与解答，回顾与反思的全过程，学会做题步骤，体会生活中百分数的应用美
	《认识扇形统计图》	统计与概率	思维美	创设同学最喜欢各类图书的具体情境，对比条形统计、折线统计图，扇形统计图的特点，发现扇形统计图能清晰地看出部分与整体之间的关系，感受数形结合的作用	1. 回忆条形统计图，折线统计图的特点，对比它们的不同 2. 呈现喜欢各类图书人数占总人数的百分比，自主探究用一幅图能清晰，直观地表示出各类书需求人数与总人数的关系 3. 呈现完整的扇形统计图，发现扇形统计图的优势 4. 借助两个家庭一天时间的安排，分析获取信息，感受时间安排合理性的必要
	《选择合适的统计图》	统计与概率	创造美	结合不同的实际情境，知道对于同样的数据可以有多种分析的方法，能根据数据需要选择合适的统计图，直观、有效的描述数据，发展数学分析美	1. 给出学校各年份树木总量变化情况，各种树木所占百分比情况，同一年份各种树木数量，根据数据情况选择合适的统计图

续表

年级	课题	所属领域	美育融合点	实施路径
六年级	《选择合适的统计图》	统计与概率	创造美	析观念	2. 比较同一个统计表，选用不同统计图的作用 3. 根据城镇不同年份的人数，在做成条形统计图时，凸显百分比做成条形统计图与其不同，发现扇形统计图与柱形统计图的作用，理解不同图中百分比含义的不同
	《数学广角——数与形》	数与代数	思维美	通过观察比较建立图形与数的关系，借助几何直观、逻辑推理能用图形解释数的规律，并运用发现的规律解决问题，体会数与形可以互相转化，理解数形结合在解决问题中的作用	1. 借助小组合作，摆一摆图形，说一说图形与数的关系，总结出从1开始的连续奇数之和等于加数个数的平方 2. 数一数、算一算，发现用数来表示图形的变化规律 3. 学习华罗庚的话和展示斐波那契数列等数学文化元素，感受数学之美，体会数形之间的相互转化
	《负数的产生和意义》	数与代数	简洁美	结合自己的生活经验，了解负数的意义，理解正数和负数表示具有相反意义的量，能够正确读、写负数	1. 创设有关温度的生活情境，感受到日常生活中已经在应用负数，通过对"数的认识"过程的整理，知道负数的产生

99

续表

年级	课题	所属领域	美育融合点		实施路径
六年级	《负数的产生和意义》	数与代数	简洁美	通过阅读资料了解负数的历史，体会负数带来的简洁美	是对数的认识的提升 2. 结合具体的实例，正确读出其中的正数和负数，能够说出其中的正数的具体含义，用自己的语言归纳出正数和负数表示具有相反意义的量，体会数学符号的简洁美
	《在直线上表示数》	数与代数	直观美	初步体会数轴上数的顺序，完成对数的结构的初步构建，渗透数形结合的思想，体会直观美	1. 通过创设四名同学运动数学活动，评价在直线上表示正数、0和负数，体会0和负数的分界线是正、负数的分界线 2. 通过填数轴的练习，评价是否明白数轴上数的顺序，体会数学直观美
	《折扣和成数》	数与代数	简洁美	紧密联系生活实际，理解"折扣"和"成数"的含义，知道它们在生活中的简单应用，体会数学符号的简洁美	1. 创设"我会探索"的环节，以问题引导学生自学的活动，关注学生是否能理解"折扣"的含义、是否能把折扣和成数问题与百分数问题联系起来 2. 创设"我会做"的环节，通过自主解决折扣和成数问题，关注学生是否能

续表

年级	课题	所属领域	美育融合点	实施路径
六年级	《折扣和成数》	数与代数		合理灵活地解决有关折扣和成数的实际问题
	《解决实际问题》	数与代数	通过比较两种促销方式从而选择最优购买方案,体会生活中百分数创造美	1. 创设探索的环节,以问题引导学生自学的数学活动,理解不同促销方式折扣含义 2. 创设巩固练习的环节,通过比较发现什么情况下两种促销方式折扣相同,什么情况下两种促销方式折扣比较接近,什么情况下两种促销方式折扣差距较大,从而选择最优购买方案,体会数学的创造美
创造美				
	《圆柱圆锥的认识》	图形与几何	经历制作圆柱、圆锥物体的过程,认识圆柱、圆锥,体会几何直观的美	1. 创设小组合作制作圆柱、圆锥的情境,通过学生汇报设计方案,制作过程 2. 通过学生汇报交流制作圆柱、圆锥的过程,适当引导,层层深入,体会几何直观美
直观美				

续表

年级	课题	所属领域	美育融合点		实施路径
六年级	《圆柱的表面积》	图形与几何	简洁美	通过探究圆柱表面积和体积的计算公式，体会数学符号的简洁美	1. 通过圆柱模型展开，并在展开后的图形中标明圆柱的各面，学生理解并掌握圆柱侧面积和表面积的计算方法 2. 利用巩固应用环节，通过运用公式体会数学公式的简洁美
	《圆柱的体积》	图形与几何	直观美	借助直观教具，自主探索圆柱体积计算公式的推导过程，体会数学的直观美	1. 通过小组探索，汇报交流圆柱体积计算公式的推导过程，评价是否掌握了体积公式的推导方法 2. 通过全班交流圆柱体积计算公式的推导是否学会用转化和类比的数学思想和方法，去观察、操作、比较、归纳，体会数学的直观美
	《圆锥的体积》	图形与几何	直观美	通过动手操作实验，推导出圆锥体体积的计算方法，能运用公式计算圆锥的体积，通过动脑、动手，培养自己的思维能力和空间想象能	1. 组织小组合作进行操作实验，推导圆锥的体积计算公式，通过汇报交流推导圆锥体积计算公式和解决问题的过程评价是否会运用转化思想，具有一定空间想象能力

续表

年级	课题	所属领域	美育融合点	实施路径
	《圆锥的体积》	图形与几何	直观美	力，体会转化的思想，体会数学的直观美	2. 独立解答和交流相关练习题，评价能否运用公式计算圆锥体的体积，并会解决实际问题，体会数学的直观美
六年级	《正反比例的意义》	数与代数	直观美	认识正反比例函数图像，认识到正比例函数图像是一条射线，反比例函数图像是一条平滑的曲线	1. 借助科学小实验"圆柱的底面积和高"的变化统计表，学生自主练习描出各点，然后连接各点。2. 观察图像的特点，试着用语言描述图像的特点 3. 对比反比例关系和正比例关系图像区别 4. 补充几幅正、反比例关系图，学生欣赏，感受图像美
	《图形的放大与缩小》	数与代数	直观美	充分感受数学与现实生活的紧密联系，使学生感受数学在生活中的广泛应用，感受图像协调美和直观美，激发学生的学习热情	1. 观察主体图并讨论分类 2. 举例：生活中其他图形的放大缩小现象？3. 电脑现场演示图形的放大或缩小，总结特点：大小变了，形状不变，感受图像协调美

续表

年级	课题	所属领域	美育融合点	实施路径
六年级	《图形的放大与缩小》	数与代数		4. 电脑演示"压扁"或"拉长"的非相似变化过程,总结特点:大小变了,形状变了
	《数学广角——鸽巢问题》	数与代数	思维美	在杯子里放小棒的活动中,通过操作、观察、比较、推理等活动,逐步经历将具体问题数学化的过程,理解和掌握"抽屉原理",培养学生"模型"思想	1. 说出运用字母表达式可以表示什么,并阐述用字母表示的价值。发现简洁、清晰,更重要的是能把所有的情况都概括 2. 在简便计算中,用字母表达式阐述依据 3. 在解决问题中,用字母表达式表示数量关系
	《复习"式与方程"》	数与代数	思维美	在用字母表示数量、定律、公式、法则等,充分感受字母表达式的概括性,在解决问题中能借助字母表达式阐述自己的依据,培养推理能力	1. 说出运用字母表达式可以表示什么,并阐述用字母表达式的价值。发现简洁、清晰,更重要的是能把所有的情况都能概括 2. 在简便计算中,用字母表达式阐述依据 3. 在解决问题中,用字母表达式表示数量关系

续表

年级	课题	所属领域	美育融合点		实施路径
六年级	《数学思考》	图形与几何	思维美	通过"两条直线相交形成角关系"的研究，在观察、比较、归纳、假设中，体会推理式学习数学的重要思考方式，增强探索欲望	1. 找出两条直线相交形成的角，推理对等角相等 2. 推理一个外角等于不相邻两个内角的和，强调新的结论又可以当成依据 3. 推理三角形外角和为 360°，并推广到任意多边形的外角和是 360°

三、学科案例实践与特质体现

教学学科教学案例

余数的妙用

课题一	
教材版本及册别	人教版小学数学二年级下册
教材分析	本节课是人教版小学数学二年级下册教材第 68 页例 6 及相关内容。这部分内容是我们日常生活中常见的、有固定周期规律的现象，是用有余数的除法知识解决有关生活问题，是在学生学习了有余数除法计算的基础上进行教学的，也是表内除法知识的延伸和扩展。教材注重利用学生已有

续表

教材分析	的学习与生活经验，将数学知识的学习与生活紧密结合，结合具体情景，选择学生熟悉的事物作为例题，培养学生运用数学知识灵活解决问题的能力。
教学目标	1. 通过"圈一圈""摆一摆""画一画""填一填"等活动理解余数1的含义，初步感知余数与最后一枚扣子颜色之间的对应关系，体会对应的数学思想。 2. 分别借助余数是2和没有余数的两组数据，通过操作、观察、对比、分析等活动，进一步理解余数就是确立答案的关键，体会数学知识之间的联系，积累解决问题的基本经验。 3. 借助表格，在理解用除法解答的道理基础上，能列出除法算式，体会解决问题策略与方法的多样化，发展应用意识。 4. 通过回头看学习历程的活动，建立解决与按规律排列有关的问题模型，提高运用数学知识解决实际问题的能力。
教学重点	会用有余数除法的知识解决解决与按规律排列的有关问题。
教学难点	理解余数在解决问题与按规律排列有关的问题中的作用与含义并解决问题。
学情分析	余数在生活中有着广泛的应用，学生虽然在学习、生活中对余数有一些感性的认识和经验，但是缺乏清晰的认识和数学思考过程。二年级的学生思维还是以具体形象思维为主，本课完成学生由形象思维到抽象逻辑思维的转变，就要借助动手操作，让学生亲身实验，去体验知识的形成过程。通过积累观察、操作、讨论、合作交流、抽象概括等数学活动获取知识，将抽象的数学语言与形象的图形语言结合起来，把复杂的数学问题变得简明形象。
美育融合点	思维美、简洁美、直观美、创造美。

续表

教学准备：多媒体课件、彩色纽扣实物、乒乓球抽号箱等。

教学过程	教师活动	学生活动	设计意图	美育融合点特征体现
一、课前游戏激发兴趣	师：手指五兄妹，排队来报数。老师有一项神奇的本领，随便说一个数就能马上说出是谁报的。不信试试，抽号箱抽号。 第1个数36（老大） 第2个数47（老二） 第3个数29（老四） 这个数对不对呢，先不验证，数的方法太慢了，学了今天的本领你就能快速验证。	师生一起数数验证，正确。 学生自己数数验证，正确。	课前通过报数的游戏，调动学生的好奇心，激发学习兴趣，潜移默化地使一部分学生对余数的作用产生了最初的精测和感知，吸引学生投入之后的研究学习中去验证自己的猜想。	利用造型可爱的手指五兄妹，使学生对情景产生惊奇和疑问，促进持续关注、维持和促进连续化问题的生成和解答，从而激发学习的兴趣，学生精力集中，感官调动，接收信息连续、完整。以此增强数学课堂的趣味性、实用性，体现数学的直观之美。
二、运用规律探究新知	（一）初步感知余数是确定答案的关键（理解余数1的含义）		通过按规律摆扣子的现实事件情景化引入，从学生已有的经验	利用色彩艳丽的扣子提供输入，通过讲解、演示将一定知识信息答

美育视域下的小学育人实践

续表

教学过程	教师活动	学生活动	设计意图	美育融合点特征体现
	1. 提出问题：按照下面的规律摆扣子，第 7 个扣子应该是什么颜色？ 师：读一读你知道了什么？要解决的问题是什么？按照什么样的规律？ 2. 合作探究第 10、13 个扣子的颜色。 课件演示，指导学生填表。 按照这样的规律，第 10 个、第 13 个扣子是什么颜色的？你能研究一下吗？	生：我知道这 6 个扣子颜色是有规律的，红、绿、黑、红、绿、黑，3 个一组，接着摆下去第 7 个就是红色。 小组合作探究，利用学具摆一摆、圈一圈，把结果记录在表格中。	出发，回顾"一组一组"不断重复出现的规律，为后面的探究学习打下基础。 通过"圈一圈""摆一摆""画一画""填一填"，理解余数 1 的含义，学生头脑中朦胧建立起余数与最后一枚扣子颜色之间的对应关系，初步感知余数是确定答案的关键，体会对应的数学思想。	量，输入给学生。借此问题情景回顾找规律的相关知识，及时与当下学习知识联结，支持连续思考。引导学生通过各种感官直接或间接地感知具体事物的形象，利用语言获得鲜明的表象，体现数学的直观之美。 教师提问，布置研究活动，安排展示交流。学生个体响应教师提问，参与小组交流，全班展示。运用"数形结合"

108

续表

教学过程	教师活动	学生活动	设计意图	美育融合点特征体现
		价。		"对应"的思想,通过摆扣子的方法直观解决数学问题,体会数学的创造之美。
	(二)进一步理解余数是确定答案的关键(理解余数2的含义) 1.观察表格,找相同点和不同点 仔细观察,有什么相同的地方吗? 那有什么不同的地方吗?	每组都是3个,余数都是1,最后一个都是红色。 总数、组数不同。	利用学生研究表格和按规律摆好的三组扣子图,在教师引导下,层层点拨,观察对比中,发现、体会余数和最后一个扣子颜色之间的对应关系。明确余1就看第一组的第1个。初步感知余数是确定答案的关键,体会对应的数学思想。	通过对解决扣子颜色问题的体验试探与验证,感官和头脑随余数与颜色的对应问题线索而互动。在倾听、交流中,归纳为个人理解认识,在教师引领、操作观察、互动交流之中搜集思维素材,达成思维阶段目标,体现数学和思维之美和思维之美。

续表

教学过程	教师活动	学生活动	设计意图	美育融合点特征体现
	为什么总数不同，组数不同，但是最后一个扣子都是红色的？它为什么不能是绿色的呢？ 2. 小结：不管分了多少组，都是余下了1个，这一个就是下一组的第一个，所以是红色的。也就是说余1，就看一组的第1个。 （三）运用余数与最后一个颜色的关系，解决没余数的问题	每3个一组按规律分都会剩下一个，这一个就是下一组的第一个，是红色的。按照红、绿、黑的规律每组第一个必须是红色。	利用一组余数是2的数据强化学生头脑中余数与颜色的对应认识	归纳为个人理解认识。继续运用"数形结合""对应"的思想，

续表

教学过程	教师活动	学生活动	设计意图	美育融合点特征体现
	继续研究第8、11、14个扣子的颜色，并把结果记录在表格里。 师：为什么这一组最后一个都是绿色？ 小结：不管分了几组，都是余下2个，最后一个就是这一组的第2个，也就是说余2，就看一组的第2个。	学生利用学具小组合作探究、填表、汇报、反馈。 学生指图解释：这一组每次都是余2，那么按规律第2个就是绿色。	知，确定余数就是确立答案的关键。明确余2，就看一组的第2个。	通过摆扣子的方法直观解决数学问题，从现有条件中发现规律，从而推导出新结论，体会数学的创造之美和思维之美。
	（四）体会除法算式找余数、判断颜色的便捷 1.你能直接说出第9个、第12个是什么颜色吗？	学生指图解释：因为没有余数就是正好分完一组，黑色是最后，所以是黑色的。	通过直接回答第9、12个扣子颜色问题的体验试探与认知，由此深化了认知，明确没余数就看一组的最后一个。	在互动交流中，学生个体响应教师提问，参加展示、交流、接收信息连续、完整，从现有条件中发现规律，深化建

续表

教学过程	教师活动	学生活动	设计意图	美育融合点特征体现
	2. 为什么没有余数就时最后一个都是黑色? 3. 小结:没有余数就是正好分完,最后一个就是这一组的最后一个,所以都是黑色。也就是说没余数,就看一组的最后一个。 4. 除了摆一摆还有什么方法可以快速找到余数?怎样用算式表示? 课件:表格最后面增加除法算式…… 5. 看除法算式中的余数是不是也能判断颜色?怎样判断?	说出除法算式。 余 1 时就看一组的第一个是红色,余 2 时就看一组的第二个是绿色,没余数时就看一组的最后一个是黑色。	利用除法算式找余数,进一步明确看除法断最后一个的颜色。从算式中的余数就可以判断最后一个的颜色。而体会除法算式找余数、判断颜色的便捷,确定用列除法算式的方法来解决问题。	立起余数与最后一枚扣子颜色之间的对应关系,充分体现了数学的思维之美。 在观察对比、交流互动中思考与方法上获取颜色,会使用算式找余数,快速判断颜色,将复杂的问题简化为有余数的除法算式形式,利用对比优化的方法,体会解决问题策略与方法的多样化,发展应用意识,体现思维之美和简洁之美。

续表

教学过程	教师活动	学生活动	设计意图	美育融合点特征体现
三、练习巩固建立模型	1. 摆水果:按照下面的规律摆放水果。列式解答,反馈评价。 (1) 第22个是什么水果? (2) 第31个是什么水果? 2. 五指报数游戏。 (1) 课前游戏的第三个数。 (2) 屏幕随机出数,两组:28,40。	1. (1) 22÷4=5(组)……2(个)是草莓 (2) 31÷4=7(组)……3(个)是草莓 怎么都是草莓? (3) 对比发现:虽然最后一个都是草莓,但是余2,是看一组的第2个。 2. (1) 用除法算式,验证。 (2) 学生说是谁报的数。	通过设计摆水果、五指报数、数字宝宝等有趣又具有探究价值而且还能满足不同层次学生需求的题目,尤其是验证课前报数的游戏环节,满足了学生掌握解题策略后,一试身手的强烈愿望。	在练习与应用中,加载自我测试、交流、互评等功能使之发挥最大效能,反馈学生对于用余数来解决实际问题的方法,是否存在疏漏,掌握程度差异大等因素。学生参与度高,积极思考回答,正确率高,对于新的概念原理和方法,定位精准,应用于解决问题时顺畅,体现了数学的思维之美、简洁之美。

续表

教学过程	教师活动	学生活动	设计意图	美育融合点特征体现
	列式验证，反馈评价。 3. 数字宝宝 5923 68592368…… 4. 提炼方法，概括归纳。 余1，就看一组的第1个。 余2，就看一组的第2个。 余3，就看一组的第3个。 那如果余4、余5呢？概括成一句简练的话是什么？ 5. 回顾整理，建立模型。 回想解决这种问题时	3. 学生提问，列式解答，反馈评价。 4. 生：余几，就看一组的第几个。	引导学生提炼方法，概括归纳，使得学生对问题解决的策略有较为深刻的理解。	作为行为主体的学生在老师有意识的引导下，提炼数学方法，揭示问题本质，深刻领悟到数学的思维之美、简洁之美，体现学科意识与方法指导，体会和应用数学思想方法。

续表

教学过程	教师活动	学生活动	设计意图	美育融合点特征体现
	要先看图找规律，然后再列算式，最后看余数。 怎样看余数：没余数，就看一组的最后一个。 有余数呢：余几，就看一组的第几个。 原来余数还有这样的妙用啊！（板书课题：余数的妙用）	余数的妙用 余1，就看一组的第1个。 余2，就看一组的第2个。 余3，就看一组的第3个。 余几，就看一组的第几个。 没余数，就看一组的最后一个。 找规律 列算式 看余数	引导学生回顾学习的历程，揭示问题的本质，会利用模型解决实际问题，从而提高学生运用数学知识解决实际问题的能力。	引导学生头脑中建立起解决此类问题的模型，把具体的事物抽象成虚拟的数学模型，从而达到回顾、总结、反思，提升解决实际问题的功效，展现出数学的思维之美。
四、全课总结				
板书设计				

115

特质体现

本节课是人教版小学数学二年级下册教材,第六单元例6及相关内容。这部分内容是我们日常生活中常见的、有固定周期规律的现象,是表内除法知识的延伸和扩展,是在学习了有余数除法的基础上利用此知识来解决与按规律排列有关的实际问题。结合本校数学学科美育价值,从"思维之美、简洁之美、直观之美、创造之美"四个方面谈谈本节课的教学设计。

1. 思维之美

数学是思维的"体操",数学的美主要体现在它的思维之美。数学的思维之美,体现在它的逻辑结构、数学方法和表达形式。上课伊始通过"圈一圈""摆一摆""画一画""填一填"理解余数1的含义,学生头脑中朦胧建立起余数与最后一枚扣子颜色之间的对应关系,初步感知余数是确立答案的关键;接着利用一组余数是2的数据强化学生头脑中余数与颜色的对应认知,确定余数就是确立答案的关键;紧跟着利用刚刚建立起的对应关系解决没有余数的最后一枚扣子的颜色问题,深化认知,进而建立起解决此类问题的模型。一旦掌握了源自不同数学思想方法的解题策略,学生便产生了一试身手的强烈愿望。既有趣又具有探究价值而且还能满足不同层次学生需求的题目,使课堂学习的氛围一度达到沸点。热闹过后一切归于平静,此时有意识引导学生回过头看看学习的历程,找规律、列算式、看余数、怎样看余数,揭示问题的本质,使得学生对问题解决的策略有较为深刻的理解,会利用模型解决实际问题,从而提高学生运用数学知识解决实际问题的能力,深刻感受到数学的思维之美。

2. 简洁之美

简洁美是数学的重要标志。数学的语言是最简洁的语言,用最简洁的方式揭示自然的客观规律,这正是数学的迷人之处。整节课学生的学习进程是由学生内在需求产生的学习内驱力推动而前行的,当学生内心感到使用"圈一圈""画一画"找余数太麻烦时,除法算式的便捷之美便体现得恰到好处。整个学习过程不只满足于教给学生知识,更是对每个学生的学习需求都予以满足,让学生的个性化数学能力在其中得到充分发展,尽心致力于全面提高学生的数学素养。算式的生成过程不是强加给学生的,而是思维的必然延续,在对比优化中体会解决问题策略与方法的多样化,学生的思考与方法在潜移默化中得到更新与提升,充分感受数学的简洁之美。

3. 直观之美

数学之美,不仅美在抽象简约,也美在"直观"多姿。史宁中教授说过:"无论进行怎样的课程改革,如果用一句话描述数学教育的根本,那就是培养学生的数学直观。"二年级学生的思维还是以具体形象思维为主,要想完成由形象思维向抽象逻辑思维的转变,就要借助直观帮助学生理解题意、分析数量关系、明白解题的缘由,最终得到解决此类问题的方案。课前通过"手指五兄妹,排队来报数"的游戏,调动学生的好奇心,激发学习的兴趣,巧妙地照应了本课的教学内容,轻松自然,潜移默化地使一部分学生对余数的作用产生了最初的猜测和感知,吸引学生投入之后的研究学习中去验证自己的猜想。课上的"摆扣子"活动作为学生主要的体验经历,通过"摆一摆""圈一圈""画一画""说一说"等环节,把抽象的知识具体化、形象化,更好地促进学生从具体形象思维到逻辑抽象思维的形成与发展。教学中引导学生通过各种感官直接或间接地感知具体事物的形象,利用语言、图像、媒体,使学生获得鲜明的表象,以此增强数学课堂的趣味性、实用性,体现数学直观之美。

4.创造之美

荷兰数学家弗莱登塔尔认为:学生的学习不是简单的接受,而是在学习已被发现或创造的数学知识的过程中进行"再发现"和"再创造",是一种实践性活动。只有通过自我创造获取的知识才能真正被掌握,也就能够在生活实践中被灵活运用。设计小组合作探究第7、10、13颗扣子的颜色,学生先猜测,然后充分利用手中的学具动手摆,继而验证猜测。其次,探究第8、11、14颗扣子的颜色,当摆第14颗的时候,学生发现扣子数不够了,再自主交流、想办法采取继续使用"画一画"等方式得到第14颗纽扣的颜色。最后,将表格中的数据生成除法算式的过程。通过"除了"摆一摆"还有什么方法可以快速找到余数?""怎样用算式表示?""看除法算式中的余数也能判断颜色吗?"等问题的引导,一步步地思考、总结、归纳,步骤的连续性也促进了学习持续有效。通过构建数学模型解决问题,学生锻炼了概括和创新的能力,展现了数学的创造之美。

课题二		分数的意义
教材版本及册别		人教版小学数学五年级下册
教材分析		这一课的内容是学生在三年级初步认识分数的基础上再次认识分数，其目的是进一步理解分数是研究部分与整体的关系或部分与部分的关系，分数是分数单位的累积。同时，它也是学习分数基本性质、约分、通分乃至分数的加减法等后续知识的基础，具有承前启后的关键作用。可见，分数的再认识是基于学生认知需要而设置的。
教学目标		1. 学生借助微视频自学，体会在进行测量、分物或计算时需要用到分数，认识单位"1"在表示一个物体、一个计量单位时分数的意义，在观察图形中体会分数中不同分数所表示的含义，能总结概括出分数单位的含义。 2. 借助研究"分月饼"的生活实例，通过图形观察、分析归纳等活动，学生在教师的引导下认识单位"1"还可以表示一些物体组成的整体，能总结概括出分数的意义。 3. 在看图写分数的练习中，通过观察、对比、归纳等活动，能发现写分数需要明确将单位"1""平均分"的份数"和"表示这样的一份或几份"。
教学重点		通过图形观察、分析归纳等活动，认识单位"1"为一些物体组成整体时分数的意义。
教学难点		结合学生生活实际，理解单位"1"为一些物体组成的整体，能总结概括出分数的意义。

续表

学情分析	本课教学内容，把一个物体、一个计量单位看作单位"1"理解分数的意义，对于全体学生来说，学习易于接受。但多个物体看作一个整体，拓展单位"1"的理解，对于学生来说是一次质的飞跃，其难点在于用分数来描述"多个物体组成的整体""平均分"的行动结果。其抽象性强，难于理解，对于部分学生来说，需要通过感性、直观的情境，在大量的感悟中，逐步理解、抽象、概括。
美育融合点	创设"分月饼 $\frac{1}{4}$"的开放性问题，引导学生突破"一个月饼得 $\frac{1}{4}$"的固定思维，鼓励学生创造性的发现月饼个数可以不断变化，都能表示 $\frac{1}{4}$。这一过程，经历单位"1"由"一个物体，一个计量单位"变成"一些物体"的突破性探究，培养学生发散思维，在积极的求异思维、敏锐的洞察力、活跃的灵感中，感受数学思维的魅力。同时，注重让学生动手演示，突出"圈"出"一个整体""平均分成几份"的理解，在对比比较中，逐步抽象模型，理解分数的深层含义，体会数学的概括性，并结合生活中分数的广泛应用，在感受生活中的数学美。
教学准备	微视频、课件、答题纸

教学过程	教师活动	学生活动	设计意图	美育融合点特征体现
一、微视频介绍分数的产生	介绍1：古人用打结的绳子测量石头的长时，不足	观看微视频。	微视频的嵌入，最大限度地培养学生的自主学习能力。利用已有	从古人测量到现实分物，学生充分感受到分数产生的必要性。在

续表

教学过程	教师活动	学生活动	设计意图	美育融合点特征体现
二、课前自主研究问题	一节，产生用分数"$\frac{2}{5}$"表示，并介绍$\frac{1}{5}$是$\frac{2}{5}$的分数单位。	跟进回答问题，列式解答。	对分数的认识，顺势而上，充分感受到测量、分物、计算时，往往得不到整数的结果，就产生了分数。	思考感悟集中，感受分数的价值，领会数学文化思想义，渗透数学文化思想。
三、在"分月饼"中扩充分数意义和对分数单位的理解	介绍2：在在进行分物或计算时，产生分数的必要性。把3个月饼平均分给3人，每人分得多少个月饼？怎样列式？如果把1个月饼平均分给3人？每人分得多少个月饼？怎样列式？（一）从研究一个物体的$\frac{1}{4}$，到研究多个物体的$\frac{1}{4}$	独立思考，小组合作，为什么会得出不同的答案。	充分调动学生在微视频中的学习经验，实现自主化学习。理解了单位"1"为一个个体、一个计量单位时四分之几及其分数单位的含义。	

续表

教学过程	教师活动	学生活动	设计意图	美育融合点特征体现
	提问：每人分得这盒月饼的四分之一，猜一猜，每人分得多少个月饼呢？ 小明猜：每人分得 $\frac{1}{4}$ 个月饼。 小丽猜：每人分得 1 个月饼。 他们说的对吗？为什么？ 引导小明猜"每人分得 $\frac{1}{4}$ 个月饼"，他是怎么想的？ 提问：我们可以把一个圆看成一个月饼，动手跟着	回答：每人吃 $\frac{1}{4}$ 个月饼，因为盒子里放 1 个月饼，把 1 个月饼平均分成 4 份，每人分得 1 份，就分得 $\frac{1}{4}$ 个月饼。 回答：盒子里有 4 个月饼。把 4 个月饼平均分成 4 份，每人分得 1 份，也就是 1 个月饼。		"分月饼"研究分数，看似只是简单的问题，实际却是学生易于过渡理解，将抽象的问题变得直观化、具体化。这样，单位"1"由一个物体到多个物体的跨越学习，数学的直观美体现的自然而真切。

续表

教学过程	教师活动	学生活动	设计意图	美育融合点特征体现
	分一分，说一说，怎样得到 $\frac{1}{4}$ 的？ 总结：把一个平均分成 4 份，每人分得 1 份，也就是 $\frac{1}{4}$ 个月饼。每一份都表示这个月饼的 $\frac{1}{4}$，我们用阴影表示其中的一个 $\frac{1}{4}$。 （二）进一步拓展 $\frac{1}{4}$ 的研究，扩充单位"1"的理解 引导：1 个人吃这个月	跟随教师用集合圈动态想象、表示、发现 4 个月饼的 $\frac{1}{4}$, $\frac{2}{4}$, $\frac{3}{4}$。	集合图的引入，初步感受 4 个月饼也能用四分之几表示，理解其分数单位的运用。集合圈的运用，是重要的直	

教学过程	教师活动	学生活动	设计意图	美育融合点特征体现
	饼的 $\frac{1}{4}$，2个人呢？3个人呢？分数单位是 $\frac{1}{4}$。 提问：小丽说，每人分得1个月饼，有道理吗？猜得对这次分的几个月饼？分4个月饼也能能得到 $\frac{1}{4}$？你是怎么想的？ 总结：4个月饼放在一个盒子里，把谁平均分成4份，表示其中的1份，也能得到 $\frac{1}{4}$，1个月饼。也就是把盒子里的4个月饼看成了一个整体，在数学上，可以	独立思考，合作交流。	观手段，突破了多个物体组成整体也可以表示单位"1"，教师可以在此通过不同层次学生动手演示，加强认识。	

续表

教学过程	教师活动	学生活动	设计意图	美育融合点特征体现
	画一个圆圈，我们可以用一个集合圈来表示。把4个月饼看成一个整体，用分割线平均分成4份，每份都是$\frac{1}{4}$。用阴影表示其中的一个$\frac{1}{4}$。2个人呢？3个人呢？（三）拓展"几分之几"的研究，概括单位"1"及分数意义引导：发散你的思维，继续猜一猜，盒子还有可能是几个月饼？也能得到$\frac{1}{4}$？	回答：把8个月饼平均分成4份，每人分1份，也能得到$\frac{1}{4}$。也就是2个月饼。	研究8个月饼，12个月饼的$\frac{1}{4}$，教师注重让学生主动演示，突出"圈""分"的过程，突破"一个整体""平均分成几份"的理解。	学生数学学习方法的获得，数学素养的培养尤为重要。通过不断猜想，盒子里有几个月饼，都能得到月饼的$\frac{1}{4}$，是学生自主探索分数的意义，也是对学生进行发散思维训练，培养学生的创新意识。

续表

教学过程	教师活动	学生活动	设计意图	美育融合点特征体现
	演示:这次盒子分的是8个月饼,是这样吗?8个月饼也能得到$\frac{1}{4}$,能不能用集合图表示?请同学们想一想。动手跟着画一画,说一说。2个人呢?这次分的几个月饼?$\frac{3}{4}$呢?也是$\frac{1}{4}$。 引导:继续发散思维,看几个分数单位$\frac{1}{4}$。还有可能分几个月饼?是12个月饼吗?用集合图来表示?每人分多少个月饼?2个人呢?$\frac{3}{4}$呢?	回答:把12个月饼平均分成4份,每人分1份,也能得到$\frac{1}{4}$。也就是3个月饼。 跟随思考。	在教师引导下,学生交流之中,对比分析,提出问题、解决问题。为什么都可以用$\frac{1}{4}$、$\frac{2}{4}$、$\frac{3}{4}$表示?在不同中找相	

续表

教学过程	教师活动	学生活动	设计意图	美育融合点特征体现
	引导：还可以分几个月饼，也能得到 $\frac{1}{4}$？课下我们可以可继续研究。 （四）感受单位"1"在分数中的重要性 启发：研究这么多，我们要在学习中善于对比比较，发现相同点、不同点，才能对分数有更深刻的认识。虽然月饼数量不同，为什么都可以用 $\frac{1}{4}$ 表示？ 深化：为什么都能用 $\frac{2}{4}$、$\frac{3}{4}$ 表示？如果把月饼换成其他物体呢？比如一	回答：不管什么物体，不管数量的多少，都可以把这些物体看成一个整体，平均分成4分，表示这样的1份或几份。 跟随总结、回答。	同、异中求同，抓住分数的本质认识。 从 $\frac{1}{4}$ 继续延伸到几分之几的研究，学生自主迁移，实现新跨越。	数学符号的应用美，简约美，不是教师用最无力的语言去表达，而是让学生实践、感悟分数的产生，将复杂的行为过程、语言表达，用一个"分数"符号就可以实现。大量的具体情况举例，使得学生的感受深刻，而高度概括的过程，又显得更有力量。这一升华，是数学抽象美的最好体现。

续表

教学过程	教师活动	学生活动	设计意图	美育融合点特征体现
	些苹果、水果、一些小动物，甚至多个人呢？ 　　总结：不管多少个物体，都可以看成一整体，把这个整体平均分成 4 份，表示这样的 1 份或者若干份，用四分之几表示。 　　提问：平均分成 4 份，如果把一整体平均分成 5 份呢？6 份呢？表示这样的几份也可以用分数表示。 　　总结：看来，不仅是一个物体、一个计量单位，或是一些物体都可以看作一个整体。把这个整体平均分成若干份，表示这样 1 份	发现：把一个整体可以分成不同的份数，表示这样的几份，都可以用分数表示。 　　跟随总结分数的意义。		

续表

教学过程	教师活动	学生活动	设计意图	美育融合点特征体现
	或几份的数,叫做分数。这一整体在数学上我们通常叫做单位"1"。揭示课题:分数的意义。提问:看到相同点,还要看到不同,刚才都是研究 $\frac{1}{4}$,每人分得的月饼却不一样呢? 有 $\frac{1}{4}$,有 1 个、2 个、3 个的。总结:单位"1"很重要,我们要看清楚谁是单位"1"。出示练习:	发现:分得月饼的个数不同。感受单位"1"的重要性。	都是 $\frac{1}{4}$,为什么每人分得的月饼却不一样呢?这是相同中存异,是对单位"1"本质的深化理解。利用写数、辨析,加深对分数的两个要素——平均分,表示几份的理解。	
四、巩固练习,加深分数意义的理解				

续表

教学过程	教师活动	学生活动	设计意图	美育融合点特征体现
	1. 生活中的分数 提问："它们的单位"1"是谁？你能用分数表示吗？第三幅图你怎么知道是 $\frac{1}{10}$ 呢？ 2. 涂色部分表示的分数对吗 $\frac{3}{5}$ 提问：涂色部分都是2个三角形，为什么一个	独立解答，回答问题发现：有时要通过计算知道平均分成了几份。 辨析训练，阐述原因。 思考发现，意义不同。		练习的设计重在应用，应用之中更是对分数符号意义的深化、拓展，凸显分数符号作用的再理解。
			错例辨析，正反对比，理解更到位。	

续表

教学过程		教师活动	学生活动	设计意图	美育融合点特征体现
		用 $\frac{2}{6}$ 表示,而另一个用 $\frac{1}{3}$ 表示?	分数的意义		
板书设计			把一个物体,一个计量单位或是一些物体等都可以看作一个整体。 把这个整体平均分成若干份,表示这样一份或几份的数叫做分数。 表示其中一份的数,叫做分数单位。		

131

特质体现

本节课,正因为还原走入"分数的意义",学生才能切实感受"分数"是解决现实问题"分"的必然,是创造"分数符号"美的所在。

分数不是对象而是一种行为,是表示平均分的行为。这种平均分的行为,就会有平均分的结果。在表达平均分的结果时,分的结果比 1 还要小的时候,比如一半、一部分,如何表达这样的结果?就产生了分数。到后来,解决实际问题时,同样需要把一些物体看成一个整体,其中的"一部分"到底怎样表达,形成了一个整体的几分之一或几分之几的表示方法。当然,随着学生对分数的认识,还可以扩充到比"1"大的分数。分数在应用中的不断发展,正是我们应该带领孩子们经历的过程,在应用之中,逐步抽象理解,这才是数学的魅力所在。

这节课我们所要认识的分数,是单位"1"由"单个物体"扩展到"多个物体组成的整体",进而形成描述性定义。如何借助学生已有的知识积累、生活经验,突破这节课的教学重难点,我着实动了一番脑筋。

1. 嵌入"分数的产生"微视频,渗透数学文化

我一直在想"有没有必要使用微视频?""使用微视频的作用在哪里?""如何让微视频的作用最大化?"带着这些疑问,就产生了微视频的设计。

从古人测量到现实分物,每一次问题解决,我们试图还原分数的产生过程,带领学生自主研究、思考感悟,真正去发现分数,感受分数的价值,领会蕴含分数的意义。更是在巩固练习中,加深其理解,抽象、概括其含义。学生在微视频的引导下完成这一部分学习过程,并与微视频在交流、对接中,检验学习效果,反思自我。

微视频的价值,还在于让学生以学习内容为载体,最大限度地培养学生的自主学习的能力。学生已有了对分数的初步认识,何不顺势而上,让学生在回顾所学分数知识的基础上,充分感受到在测量、分物、计算时,往往得不到整数的结果,就产生了分数。

2. 创设"分月饼"的微问题,感受数学思维美

一堂课不能仅仅停留于学生知识技能的形成,更要关注学生学习数学方法的获得,数学素养的培养。学生自主解决这一问题:每人分得这盒月饼的 $\frac{1}{4}$,猜一猜,每人分得多少个月饼呢?

给学生这样一个开放问题的设计,是学生打开思维之门,自主思考的契机,亦是应用知识解决问题。更重要的是,充分利用课下的学习时间,启发学生利用知识和生活经验,实现学生自主化认识单位"1"由一个物体到多个物体。这样的跨越,体现分层教学,让学有余力的学生"吃饱",培养学生自主研究问题的能力。

通过不断猜想,盒子里有几个月饼,都能得到月饼的 $\frac{1}{4}$,学生自主探索分数的意义,也是对学生进行发散思维训练,活跃灵感,脑洞大开,培养学生的创新意识。同时,注重培养学生在对比、比较中,提出问题、解决问题的能力。例如,这几幅图(出示表示 $\frac{1}{4}$ 的四个集合图),为什么都可以用 $\frac{1}{4}$ 表示?紧接着,为什么都可以用 $\frac{2}{4}$ 、 $\frac{3}{4}$ 表示?这是在不同中找相同,异中求同,抓住分数的本质认识。又如,刚才都是研究 $\frac{1}{4}$,为什么每人分得的月饼却不一样呢?有 $\frac{1}{4}$ 个,有 1 个、2 个、3 个的。这是相同中找不同,同中存异,是对单位"1"本质的深化理解。

3. 结合"集合圈"的微研究,体会数学直观美

学生学习新突破就是"分"的对象——单位"1",由"单个物体"扩展到"多个物体组成的整体",进而形成描述性定义。

研究中,通过数形结合,构建知识形成过程,其中"集合图"一定能发挥重要作用。教师动态演示,学生动手操作,无疑为突破重难点有很大的促进作用。其中,可以采取多个问题的解决,深化理解、巩固所学。

尽管有这样的设计过程,学生对"单位'1'为多个物体组成的整体"这一抽象内容,依旧很困难,需要花费更多的时间强化训练。

高效的课堂教学,就是最大限度调用学生已有的生活经验,帮助甚至化解学生学习的难点、问题。用盒子里的月饼研究分数,看似只是简单的结合实际,却是用集合图表示分数前的准备学习,从盒子到集合圈,学生易于过渡理解,抽象的问题变得直观化、具体化。这样,单位"1"由一个物体到多个物体的跨越学习,不再难以逾越。"集合圈"的诞生,是那么自然流露,巧妙适用。

课题三		汉诺塔游戏
教材版本及册别		人教版小学数学教材四年级上册
教材分析		"汉诺塔游戏"是人教版小学数学教材四年级上册一道思考题，内容来源于著名的"汉诺塔"问题，汉诺塔（又称河内塔）问题源于印度一个古老传说。因为是拓展知识，教材没有对这个游戏做出相关的说明和介绍。本节课旨在带领学生继续探究游戏策略（逆推），掌握游戏思路，寻找步数最少的规律，并且渗透一些"化繁为简""递归""优化"等数学思想和方法，体现数学的思维之美。
教学目标		1. 了解汉诺塔游戏的传说以及汉诺塔游戏的基本规则。 2. 经历汉诺塔游戏的游玩过程，在"玩"中掌握汉诺塔游戏的基本规则，初步发现游戏中的规律。 3. 在收集信息、整理归纳、猜测验证的数学思维过程，发展归纳推理能力和逻辑思维能力，感受数学的思维之美。 4. 在解决问题的过程中，学习与他人合作获取更多的成功体验。
教学重点		掌握汉诺塔的游戏规则，发现最最优步骤取决于首环移动位置。
教学难点		倒推和递归等数学思想的应用。
学情分析		这个游戏的出现，与学生所学过的知识没有非常密切的联系，所以虽然内容出现在四年级，但是从低年级到高年级的学生都可以学习研究。可鉴于低年级学生的总结能力与逻辑思维能力比较弱，而五年级学生已经有了一些逆推思维，在此基础上让学生主动地动手、动口、动脑、自主合作探究中学会观察、激活顿悟，所以我们把教学对象定位在了五年级。

续表

	教师活动	学生活动	设计意图	美育融合点特征体现
美育融合点	本节课的教学过程通过精心设计的提问启迪学生的思维，激发他们的求知欲，促使他们参与学习，帮助他们理解和应用知识，让无形的思维发展无形；有助于激发学生思维，拓展学生思路；通过学生自主探究，发现学习是有形的发展是无形的，使无形的思维发展转化为外在的有形的体现，使学生深刻体会知识的有形形式，把"抽象"的知识变成看得见、摸得着、讲得清的现象，让学生动脑、动手、动口，使操作、思维、语言有机结合，在操作图片过程中自然而然地练习，开动脑筋，发散思维。最终，使学生通过发散性思维感受到数学独特的魅力，通过严密的推理过程，体会到逻辑思维的美妙之处，享受到数学思维之美所带来的美好体验。			
教学准备	PPT课件、汉诺塔演示教具			
教学过程 课前活动	引入：大家喜欢玩游戏么？ 我为大家带来一位游戏高手。（播放录像《猩球崛起》片段） 这只黑猩猩的表现太神奇了！你知道它玩的是什么吗？	观看视频片段。	一节课的成功导入，对整节课的顺利进行起着至关重要的作用。引起学生对游戏的兴趣，并产生探索研究的需求。	设计"一只大猩猩玩儿汉诺塔"的生动情境，点燃学习的热情，勾起学生探秘的欲望，引发思考。

续表

教学过程	教师活动	学生活动	设计意图	美育融合点特征体现
一、认识汉诺塔	板书课题:汉诺塔 接下来,就让我们一起步入汉诺塔游戏的世界。 1. 关于汉诺塔,你想了解些什么? 咱们就从汉诺塔的来历说起。 ppt出示:简介汉诺塔的来历。	规则、来历、玩法…… 观看汉诺塔来历的介绍。	将一道题拓展成一节课,就是要让知识承载更丰富的教育价值,驱动学生去自主探究。通过介绍汉诺塔的来历,让学生感受戏背后的文化故事,并体会到数学在游戏中的渗透。	通过古印度神话故事入手,激起学生对预言的真伪浓厚的兴趣和强烈的疑问,引发持续性关注。
	2. 认识汉诺塔各部分。 到了现代,汉诺塔演变成了这个样子。(出示大学具)	跟着老师的教具认识汉诺塔各部分。借助汉诺塔学具加深对各部分的认识。	对一个器具的研究,自然要先从认识开始。老师借助大型汉诺塔教具引导学生认识该器具	提供了教师操作汉诺塔的演示视频、直观的演示为学生提供了丰富的感性材料,学生在观看

续表

教学过程	教师活动	学生活动	设计意图	美育融合点特征体现
	咱们一起来认识一下汉诺塔:下面是一个托盘,上面竖着 3 根柱子,从左到右依次为 A 柱、B 柱、C 柱。 A 柱是起始柱,游戏开始的时候所有的圆片摆放的位置;C 柱是目标柱,游戏结束时,所有的金片都按照顺序排列在上面;B 柱是中转柱。		各部分的名称,为后面的研究打下坚实的基础。	视频后,对汉诺塔有了一定的了解,但留下了如何操作的悬念,这时学生思维处于积极参与想要探究的活跃状态。
	3. 了解游戏规则。 请大家观看老师玩汉诺塔游戏的录像?请你边看边想:汉诺塔游戏的规则是什么? 出示录像。	观看录像,思考游戏规则。 学生畅所欲言,自己找出游戏规则: (1)从一边到另一边。	通过播放教师操作的小视频,学生初步观察汉诺塔移动的规则。使学生由被动地听规则转变为主动地想规则。在任何一个细小的环节都不放过让学生思考的机会。	学生了解汉诺塔的游戏项目的规则,再根据目的规则去探究游戏策略,掌握游戏思路,让学生在学习过程中有章可循。开启从现有条件中发现规律,从而推导出新结论的过程。

教学过程	教师活动	学生活动	设计意图	美育融合点特征体现
	让学生说一说，汉诺塔游戏的规则是什么？ 板书： 1. 从 A 到 C 板书： 2. 一次一片 板书： 3. 大不压小	（2）一次只能移动一个金片。 （3）大金片不能放到小金片的上面。	知识的学习是有形的，思维的发展是无形的。如何让无形的思维发展转化为外在的有形体现，这就要求学生自主探究，发现与理解知识之间的内在联系。	本节课通过化繁为简的数学思想展开研究。首先从 1 个圆环开始研究，符合从易到难的认知规律，让学生初步认识到要想成功移出，第一环移动位置的重要性，培养学生敏锐的洞察力。
二、动手实践玩游戏	开始汉诺塔游戏。 1. 咱们从 1 个圆片开始研究。 请你拿出学具，在 A 柱上摆放 1 个圆片。其他圆片放在旁边某上。 1 个圆片，可以怎么玩？动手试一试，说一说。	按老师要求摆放。 生 1：可以从 A 直接移到 C，移动一次。 生 2：可以从 A 到 B 再到 C，移动两次。		

续表

教学过程	教师活动	学生活动	设计意图	美育融合点特征体现
	两种方法都可以。我们来看规则:从A到C,如果可以直接移过C柱,就不需要经过B柱了! (板书:1) 2. 一个圆片太简单了! 2个圆片会玩不? 请在A柱上摆好2个圆片,然后将它们移动到C柱上面。 要求:一边移动,一边数一数移动的步数。 学生展示 有没有别的方法? 两位同学,一位移动了3步,一位移动了5步,为什么	按照老师要求摆放。 学生操作,移动两片圆片。 学生1展示。 学生2展示。	按规则移动汉诺塔圆片是这节课的重点,但目的不只是能按要求移动到规定位置,而是通过移动—思考—讨论—总结找出这个游戏的最少步骤,并明了其中的道理。 游戏过程中,需要思考的是两个重要的问题: 1. 第一步移动到什么位置。 2. 移动一共需要几步。	教学2个圆片,让学生有目的地动手,通过有效的操作愈加明确第1个圆片的位置的重要性,学生通过对这2个圆片的操作步骤的分析和归纳,发现圆片移动规律。锻炼学生的观察力和归纳总结能力,让后面的圆片移动更简便,从而渗透一些"递归"的数学思想和方法,使学生逻辑

续表

教学过程	教师活动	学生活动	设计意图	美育融合点特征体现
	他们移动的步数不同？		这两个问题是这节课思考的核心。	性思维能力得到发展。
	咱们再请两位同学展示。认真观察，你能发现什么？	两个学生同时上台展示。	从而得出成功好的汉诺塔所在就是要想清楚第1环究竟要先移到目标柱还是先移到中转柱。	这是本节课中的第二次动手操作，此次操作学生不是盲目地凑数，而是在认真观察、有序思考的基础上进行的有效性的探究，实现了从障得点到智慧点的跨越。
	看来啊，这第一步圆片移动的位置十分重要，会直接影响到完成的步数。			
	可是，为什么第一步圆片移动到B柱，步数就少呢？	学生发表自己的见解：第一步的位置就不同！		
	小结：把上面的圆片放到B柱上，就露出了下面的最大的圆片，这样最大的圆片就可以直接移动到C柱了。	学生畅所欲言。		

续表

教学过程	教师活动	学生活动	设计意图	美育融合点特征体现
	所以,2个圆片,第一步放在B柱时,最少的步数是3步。 (板书:2 3) 步数是3+1+3=7(步) 通过比较和操作,都证实了3个圆片,第一步放在C柱时,最少完成的步数是7步! 来考考大家,3,1,3各表示什么? 小结: 由此可见,第一步移动位置至关重要。 3. 接下来研究3个圆片。		当学生在小组活动中移动三环和四环出现	在3个圆片的教学中,老师放手让学生自己

续表

教学过程	教师活动	学生活动	设计意图	美育融合点特征体现
	（1）说一说你移动了多少步？ （2）7步，真的可以完成？哪位同学来演示一下。7步一定是最少的吗？ （3）要想把最下面的最大的一个圆片移动到C柱，必须把上面的两个圆片移动到B柱，才能为它让出位置。 第一步：把3号圆片从A移到C，目的是让2号原片能移动到B柱上；第二步：第三步：把2号圆片移动到B柱；第三步，把3号圆片移动到B，这	学生尝试移动三片，操作并数出所用的步数。 7步，9步，11步…… 学生上台展示。 跟随ppt的演示，听老师的总结。 学生：3是上面两片移动到B柱的步数；1是最大的步数；最后一个3是上面两片再移动到C柱的步数。	了多种情况，老师组织学生展示、交流并辩论，引导学生发现如何移动圆片才是最优的选择，初步发现前后两次移动步数之间的关系，并且在交流汇报中，培养学生用有条理、清晰的语言阐述自己想法。明确了在环片个数和最少步数之间找规律。	动手，在试错中感悟方法，运用倒推法再次验证第1步要先移动到目标柱，根据解决问题的需要，经过自己的探索，体验从简单问题入手找规律这一解决数学问题的基本策略。通过收集信息，归纳信息，得出结论这一系列数学思维过程，发展了学生的归纳推理能力，感受到数学思维美带来的冲击。

续表

教学过程	教师活动	学生活动	设计意图	美育融合点特征体现
	样最大的圆片露出来了，C柱空出来了；第四步，把1号圆片移动到C柱；接下来，我们要把2号和3号圆片移动到1号圆片上面，需要3步。 4. 再增加难度，4个圆片，敢挑战吗？ (1) 大家先别着急！咱们一起来推算一番。 首先，需要把上面的(3个)圆片移动到B柱上，这样就露出了下面最大的圆片，这最少需要7步；然后把最大的一片移动到C柱上，需	学生先自己说一说，同位讨论。 学生移动4片圆片，并记录自己移动的步数。 15，17，19 ……	规律的判断不能只通过个例完成，需要多个例子尝试，通过尝试再来验证前面的猜测。	上升到4个圆片后，采用先分析再尝试操作，让学生通过从实物操作到推理理想象，促使学生从具体形象思维发展到抽象逻辑思维，进一步提升了学生思维能力。

续表

教学过程	教师活动	学生活动	设计意图	美育融合点特征体现
	要 1 步；最后把 3 片移动到 C 柱，需要 7 步。所以，一共 7 + 1 + 7 = 15 步。 （2）是不是 15 步呢？自己动手玩一玩吧。 我们的推论是正确的！最少的步数的确是 15 步。哪位同学愿意来展示一下？ （3）4 个圆片的移动，的确比较复杂。请问，一边介绍一边演示？ 真的是 15 步！真棒！	学生上台展示。 学生移动着，并进行介绍。 首先得把这 3 片移动到 B 柱。第一步放到了 B 柱。7 步！完美！接下来，再接下来把这 3 片移动到 C 柱。	通过这个观察的环节，引导学生对本节课的研究过程进行回顾和梳理，同时总结出汉诺塔游戏的关键操作步骤和步数中蕴藏的数学规律。	整个研究过程的推进中，通过自己动手去体验，帮助学生打破惯性思维，同中求异、异中求同，把思维训练与益智器具结合在一起，不仅是在学习数学知识，更是在训练学生最大的数学思维。给学生最大的空间，发展他们的数学思维，培养他们良好的数学思维品质，深刻感受数学的思维之美。

续表

教学过程	教师活动	学生活动	设计意图	美育融合点特征体现
	（4）再次尝试。 第一步至关重要，直接影响着最后的步数；而每一步的移动也十分重要，它们都起到了承上启下的作用。课下，大家可以继续练习，熟能生巧！ 5. 观察咱们得到的这些数据，你有什么发现？ 最少步数＝前一次的步数×2＋1 是这样吗？需要大家在今后的游戏中进一步验证。	学生再次进行尝试 在老师引导下发现：单数圆片时，第一步的位置是C柱；双数圆片时，第一步的位置是B柱。	在这个过程中，教师灵活地掌握知识的纵横联系，培养和发挥学生的创造性，启发和引导学生从不同的角度，不同的思路，用不同的方法去分析、思考。	通过分析比较，寻找解决问题的最佳方法、途径和方法，这样既调动学生思维的积极性，也锻炼学生思维的灵活性，开拓了学生的思路。
三、课堂小结	实际上，汉诺塔游戏与计算机的工作原理联系密		借助总结与生活中相关现象的介绍，使学生	通过课堂小节形成一个全新的知识体系和

续表

教学过程	教师活动	学生活动	设计意图	美育融合点特征体现
	切。感兴趣的同学可以课下搜集相关的资料。 同学们，小小的游戏之中，蕴含了丰富的数学智慧。只要我们敢于猜想，敢于尝试，一定会有意外之喜等着你！		体会到生活中处处有数学。	认知结构。学生在交流中不仅提升了数学建构能力，实践能力，也提升了思维的逻辑性。
板书设计	1. 从 A 到 C 2. 一次一步 3. 大不压小			

汉诺塔游戏

圆片数量	最少完成步数	第一步的位置
1	1	C 柱
2	1+1+1=3	B 柱
3	3+1+3=7	C 柱
4	7+1+7=15	B 柱
……	……	……

特质体现

《有趣的汉诺塔》源于益智游戏,开发学生的思维,让学生玩中激趣,做中学习。研究中,给学生最大的空间,让学生通过动手操作、观察记录、归纳总结汉诺塔移动的最少步数的规律,渗透从简单处入手、化繁为简的数学思想,渗透一些"递归"的数学思想和方法。更重要的是,学生通过自己动手去体验,可以打破惯性思维,同中求异、异中求同,把思维训练与益智器具结合在一起,不仅是在学习数学知识,更是在训练数学思维,在学习探索的过程中,真正感受到数学的思维之美。

本课以汉诺塔益智器具为载体,学生通过自己动手去操作体验最优策略的活动,实现了在实物操作中、在趣味游戏中开发思维潜能,提升思维水平的目标。

第一,激趣引发思考。用《黑猩猩玩转汉诺塔》的视频导入新课,引起学生对游戏的兴趣,并产生探索研究的需求,引发学生思考。古印度神话故事渗透数学文化教育,通过对数学文化的学习,学生了解了其在数学发展中的重大作用,拉近自己与数学的距离,调动学习的自主性,让数学学习不再枯燥乏味,学生的学习积极性明显提高了。

第二,尊重思维发展。汉诺塔是个非常复杂的递归问题,但学生运用化繁为简的数学思想,从易到难,从具体到形象,先操作1个圆片、2个圆片进行初步感知;操作3个圆片的移动过程是关键,借助图示记录移动过程;当4个圆片移动遇到困难,顺势引导梳理3个圆片的移动过程,进一步感知移动策略可以借助3个圆片的经验"3+1+3=7次";后脱离实物,迁移5个圆片、6个圆片等,运用1～4个圆片的经验,进行逻辑推理。在这个过程中,学生的思维逐步从具体形象思维上升到抽象逻辑思维,归纳推理能力也得到了发展。

第三,打破思维定式。数学教学的最终目的不仅是传授知识,更重要的是培养学生的思维能力。本节课学生正是通过观察、动手操作益智器具,打破思维定式,打破学科知识对学生思维的干扰,保持积极主动的思维模式,从多角度、多渠道去看事物,找出新的解决办法,去触碰其背后的思想性内涵,而非沿袭惯性思维。

计算能力是小学数学核心素养的重要组成部分,提升小学生的计算能力是小学数学教学进步和他们成长发展的共同要求,具有非凡的意义与价值。"汉诺塔"器具的益智作用还体现在其对学生计算能力的培养上,但本节课涉及的相关练习活动略显单薄,应布置相关练习增强计算能力,培养其数学应用思维。

总之,本节课通过动脑、动眼、动手、动口,多种感官参与学习,教会学生倾听与互助,在学习中积累活动经验。同时借助对游戏器具的研究和思考,培养学生思维的积极性,使数学之思维美融入其中,既锻炼学生思维的灵活性,又开拓了学生的思路。

第四节 寓德于美 以美引善

一、走进思政课堂 感受航天之美

1. 活动主题

走进思政课堂,感受航天之美——航空航天基地研学活动。

2. 活动目的

为积极响应国家"中国梦,航天梦"的思想政治方针,让青少年近距离了解飞行,切身体验航空航天精神之美,在充分感受祖国航天事业的腾飞中,厚植爱国情怀,树立报国之志。

3. 活动内容

(1)走进研学基地,仰望万尺高空

人们都说,有一种浪漫叫中国航天,它将"神舟"飞天、"嫦娥"揽月、"天宫"遨游这些古老的神话变成了现实。在泉之航研学基地,同学们详细了解了飞机的组装生产工序、工具与部件,学习了各类航空器飞行的特点和原理。近距离感受着各类飞行器的美观外形和"中国制造"的精湛工艺,被中华民族的工匠精神所震撼。

(2)了解航天知识,感受航天之美

知识是探索的基石,在理论知识课堂上,教员们通过问答式教学,有针对性地解答同学们的疑问,不仅科普了航空航天的知识还详细介绍了民航客机的结构,在丰富大家知识储备的同时,激发了同学们深入探索的兴趣。

（3）亲历航模制作，微观航飞原理

航模制作是一项精细而有趣的体验活动，为了使航模能够稳定地飞行，在制作过程中，同学们运用力学、空气动力学和控制理论等相关知识，进行精密的设计和调整。放飞环节则是对所学知识的一种检验，带着对成功起飞的期盼，同学们不停地扭动螺旋桨，一次次进行尝试，小小的飞机承载着大家美好的期许。

（4）体验模拟飞行，成为小小机长

模拟飞行是所有参与者最期盼的环节，通过该环节，同学们学习了如何控制飞机的速度和高度，体验了起飞、飞行和着陆的全过程。大家了解到想要成功操作一架大型客机，需要至少两名飞行员通力合作，两人各司其职，有自己的责任区，同时又彼此助力、互相补台，以保证机上人员的安全。通过模拟飞行，同学们对航飞的兴趣进一步增强，同时也从中感悟到合作的重要性以及身为一机之长的责任感。

（5）开启航天训练，一秒变身航天员

航天体验区由对接舱和载人离心机两部分组成。对接舱可以带参与者经历火箭从发射、升空、遨游、对接、返回的全过程，让参与者秒变航天员，体验一场有惊无险的太空之旅。载人离心机是在地面上模拟飞行器飞行时产生的加速度的机器，主要用于航天员模拟驾机训练。在航天员坐飞船上升和返回的过程中，由于飞船是高速运动，航天员会面临 5～6G 的超重过载过程，为了保持身体健康和工作效率，离心机训练就显得尤为重要。这一部分的体验让很多同学直呼"难受"，不同于坐快速升降梯时双腿"离地"的失重感，离心机训练带给大家的是双腿很"受力"的超重感，通过这个训练，同学们对宇航员的不易有了切身的体会。

4.活动效果

（1）以问题导向,指向实践探究

研学活动开始之前,教师带领同学们搜集关于航空航天方面的知识,师生共同整理查阅资料,带着疑问和憧憬走进活动,走进航天。真正做到知识与实践相结合,解决问题与寻找答案相一致。

（2）以团队合作,实现共学共研

通过本次研学活动,同学们的团队合作意识得到提升,航模制作时组内共研,学生无一不体验到团队合作的重要性,尤其是到了最后的模拟飞行环节,庞杂到令人眼花缭乱的仪表盘和操作台更是需要至少三人通力合作才能完成飞行。在此过程中,学生的爱国热情和学习动力被点燃,空间思维和系统思维被锻炼,为他们未来学习相关知识打下基础。

（3）以航天视角,纵览祖国之美

中国航天事业经过多年的努力和发展,从无到有、从弱到强,取得了显著成就,这些成就的背后彰显着中国航天人迎难而上、勇于拼搏的奋斗精神,追求卓越、精益求精的工匠精神,以及为国争光的坚定信念和责任。本次探究实践活动,激励着同学们厚植爱国之情,树立报国之志,在切身感受到祖国日新月异的变化的同时,以航天视角,欣赏祖国的壮美。

二、美聚汇才　艺齐绽放

1.活动主题

美聚汇才,艺齐绽放——校园艺术节。

2.活动目的

为进一步贯彻落实教育部《关于全面实施学校美育浸润行动的通知》要求,进一步强化学校美育育人功能,努力营造蓬勃向上、格调高雅、健康文明的校园文化氛围,丰富与充实校园文化生活,激发广大同学热爱艺术、勤奋学习、努力成才的热情和动力。学校特开展"美聚汇才,艺齐绽放"校园艺术节活动,为学生们搭建一个展示才华的平台,旨在培养学生感受美、表现美、鉴赏美、创造美的能力;树立正确的审美观念,陶冶情操,发展个性,激发创新意识和创造能力,营造向真、向善、向美、向上的校园文化环境。

3. 活动内容

（1）美的启动

伴随着初冬柔和的阳光,一场文化与艺术的节日开幕,一场贴近儿童成长的旅程——"'美'聚汇才,'艺'齐绽放"校园艺术节正式开启。艺术节是一扇门,实现了校园文化和艺术的交融,同时也是同学们放飞心情,施展才华,张扬个性的空间和舞台。期待在这份美的启动下,我校学生能在艺术节中采撷美的芳菲,向美而生,与美同行。

（2）美的绽放

其一:琴韵悠扬。

蓓蕾芬芳初绽放,曲乐悠扬展素养。口风琴作为学校的特色音乐课程,大大激发了学生对艺术的热爱之情,让孩子们在演奏中找到自信和快乐。此次艺术节口风琴演奏形式多样,有重奏、合奏,一曲曲优美动听的旋律,从口风琴这小小的乐器中演绎出来。

歌曲同奏,美美与共。全体同学同奏一首歌,体会歌曲合奏时与他人默契的配合,在协作与互动中感受着音乐的魅力。一双双灵动的手在琴键上飞舞,是青春的音符在属于他们的小学时代奏响。同学们在口风琴这个小乐器奏出的浓浓音韵中陶冶艺术情操,在美妙的旋律中绽放艺术花朵。

特色演奏,各美其美。在口风琴演奏的基础上,各班增加了独具特色的器乐演奏,民族乐与西洋乐器交相辉映,给观众带来一场精彩绝伦的视听盛宴。一个个精彩的节目让观众大饱眼福，如醉如痴。这一场"各美其美，美美与共"的视听盛宴欢愉着每个人的身心。

其二：妙手点染。

一场别开生面的校本课程作品展也为同学们呈现了一场视觉与艺术的盛宴。此次作品展旨在展示学校特色美育课程的教学成果，加强美术社团间的交流与合作，提升学生的综合素质。

"尽扇尽美"课程以细腻的笔触勾勒出山水、花鸟、人物等主题，展现了中国传统扇面画的独特魅力；"瓷泠工坊"课程则将陶瓷作为载体，通过精雕细琢，将图案和文字刻画得栩栩如生；"剪花飞扬"课程用一把剪刀、一张纸，创作出丰富多彩的图案；"灯影万象"皮影课程巧妙地设计制作出一个个鲜活有趣的皮影形象；"纹样畅想"课程则深入研究传统纹样的特点，将之融入现代设计中，为作品增添了别样的风采；"万物有灵"课程则大胆尝试各种新型材料，运用现代技术，创作出一幅幅富有表现力的作品。

4.活动效果

作品中细腻的笔触，大胆的想象，独特的形式，吸引人驻足观赏、流连忘返。或仔细端详，或与同伴交流，或品评指点，成为校园里一道亮丽的风景线。校园有了文化，就有了深厚的文明底蕴；校园有了艺术，就有了精神的升华。本次校园文化艺术节的举办无论从形式上还是内容上都极具艺术性和观赏性，不仅为学生搭建了一个展示自身特长的舞台，还培养了学生欣赏美、表现美、创造美的能力，更体现出了学生对生活的热爱和对梦想的追逐。

三、非遗文化进校园　我与大师面对面

1.活动主题

巧手剪万物，体验指尖美。

2.活动目的

为进一步贯彻落实教育部《关于全面实施学校美育浸润行动的通知》要求,弘扬中华美育精神,坚定文化自信,学校开展了"我与大师面对面"剪纸非遗传承人进课堂活动。通过欣赏大师的作品,师生倾听作品中蕴含的故事,了解剪纸技艺,感悟"工匠"精神,打造昂扬向上、文明高雅、充满活力的校园文化。

3.活动内容

(1)走进剪纸

特邀省级剪纸技艺传承人向学生介绍人类文明历史与民间剪纸艺术起源、发展之间的联系,介绍本土剪纸艺术的风格及其发展史,分析本土剪纸艺术在教育中的生活化,使得学生在剪纸中建立深厚的文化和情感经历,增强学生对中华民族的自豪感,激发学生对剪纸艺术的强烈求知欲。

(2)实践操作

展折画剪初体验。在传承人指导下,学生们练习对折剪、三折剪、四折剪、五折剪等方法,学习团花的剪制,初步了解剪纸技法。

仿剪练习感真知。通过剪纸练习,引导学生发现剪纸的一般操作规律,掌握对头剪、反手剪、掏剪、游剪等剪纸技法,感受阴剪和阳剪不同的构图方法和艺术效果,体会它们不同的表现手法和艺术风格。

创意剪纸见真功。从简单纹样的独立创作入手,引导和鼓励学生积极进行剪纸作品的个人或集体创作,在创作中表达个人的思想情感与家国情怀。

(3)成果展示

惟妙惟肖、活灵活现的作品在传承人的帮助下诞生了。剪纸小达人们感触颇深,有的说:"剪纸艺术教会了我们耐心与坚持,每一次剪刀在纸上划过,都能让我们感受到一种独特的艺术感觉。"通过这样的活动,孩子们不仅领略了中国传统文化独特的魅力,在寓教于乐中,又增长了知识,体验到了剪纸的乐趣,让中华优秀传统文化在轻松的学习氛围中得到传承。

4.活动效果

(1)星星之火 可以燎原

剪纸是我国优秀的传统文化。将剪纸艺术带入课堂,学生感受到民间文化艺术熏陶的美感,不仅有助于培养学生的自主创新能力和审美能力,更有助于中国非物质文化的传承。我们以此次活动为起点,成立一个剪纸艺术社团,激发学生对于剪纸艺术的浓厚兴趣,把它变成"燎原之火"。随着剪纸课程的进行,很多孩子对作品中的传统故事、历史诗词、成语典故等产生兴趣,课外阅读传统典籍的学生越来越多,并且通过阅读进一步了解了我国的历史、文化,知道了我国文化的博大精深,增强了民族自豪感。

(2)一剪之趣奇神功 美在民间永不朽

学校将民间剪纸艺术融入学校的美术教育中,可以有效地促进学生的整体素养,对于实现素质教育具有积极的推动作用。一方面,通过丰富的艺术教育课程的教学手段和方法,广大学生充分体验剪纸的乐趣,也培养了艺术情操;另一方面,加强对非物质文化遗产的保护和传承的认知,广大学生在学习中体会民间美术的存在与价值,也在心中形成继承和弘扬这一民族优秀传统美术的愿望。